DIE TOSKANA
UND IHRE WEINE

HUGH JOHNSON
DIE TOSKANA
UND IHRE WEINE

Fotos von Andy Katz

Hallwag Verlag Bern und München

Copyright © Duncan Baird Publishers 2000

Text copyright © Hugh Johnson 2000

Commissioned maps copyright © Duncan Baird Publishers 2000

© 2000 Hallwag AG, Bern

Deutsche Übersetzung: Reinhard Ferstl, München
Lektorat: Urs Aregger
Umschlaggestaltung: Robert Buchmüller
Umschlagbild: Andy Katz
Satz: Utesch GmbH, Hamburg
Farbreproduktion: Colourscan, Singapore
Druck und Einband: Imago Publishing Limited (China)

ISBN 3-7742-5277-7

Hallwag

Inhalt

Einführung 6

Die Toskana und ihre Weine 10

Das Arno-Tal: zwischen Florenz und dem Meer 32

Südlich von Florenz: das Chianti 52

Siena und der Süden 86

Die toskanische Küste und die Maremma 118

Weinführer durch die Toskana: einige Tipps 137

Weine der Toskana – eine Auswahl 139

Rebsorten – eine Auswahl 143

Dank und Bildnachweis 144

Einführung

Arkadien hat Gestalt angenommen. Den Traum vom idyllischen Landleben verkörpert im ausgehenden 20. Jahrhundert für viele die Toskana. Millionen sehen in ihr die Quintessenz der *villegiatura*, der lang ersehnten Flucht aus der Stadt – so geschichts- und kunstträchtig der Ort auch sein mag – in eine Villa in idealisierter Landschaft. Dieser Garten Eden leuchtet in den Farben der Renaissance, lässt aber auch längst verblasste Erinnerungen an eine viel weiter zurückliegende antike Welt aufleben.

Die Toskana mutet wie eine Schöpfung Vergils an. Sie ist in der Tat ein vergilsches Idyll. In seiner *Georgica* führt der Dichter aus, wie man es sich schafft und bewahrt; er beschreibt den Rebbau ebenso wie die Olivenernte und die Bienenzucht. Doch die Zeitreise führt noch weiter zurück: In einer Epoche lange vor Vergil sehen wir lächelnde Etrusker, die dasselbe Land bestellen, unter denselben an Spalieren erzogenen Reben sitzen, auf dieselben Hügel in der Ferne blicken, sich an demselben Öl und Wein laben.

Öl und Wein – sie stehen damals wie heute im Mittelpunkt dieser Glückseligkeit. Im Gelobten Land Toskana kommt ihnen die Rolle von Milch und Honig zu. Auch wenn Mythos und Realität oft weit auseinander klaffen, sind die in Scharen herbeiströmenden Touristen im Allgemeinen nachsichtig. Schon Henry James schrieb, dass «der betörte Bewunderer, der verliebte Fremde» von einer «sanft wogenden Landschaft, mit wenigen Farbtupfern» schwärme und glaube, «nur weil es Florenz ist, ist es Italien.»

Diese Wiege der Kreativität, die mit ihrer Kultur und ihrem Kunstinstinkt die Welt von jeher inspiriert hat, war in der Kunst des Kochens bis vor kurzem relativ rückständig – ein echtes toskanisches Paradox. Während die Franzosen jedem *terroir* mit genialem Gespür die Feinheiten entlockten, nahmen die Toskaner ihre herrliche Heimat als selbstverständlich hin. Trotz der intensiven Bestellung und Gestaltung des Landes, der stattlichen Villen und prachtvollen Gärten gaben sich selbst die stolzesten Herren der Toskana in der Regel mit einfachen Genüssen zufrieden und scheinen nur wenig Gedanken an ihren Wein verschwendet zu haben.

8 DIE TOSKANA UND IHRE WEINE

EINFÜHRUNG   9

Ein Florentiner Festmahl zu Zeiten der Medici war ein Schauspiel für sich, aber kaum ein Ereignis für Feinschmecker. «Ein italienisches Bankett», schrieb Michel de Montaigne, «wäre in Frankreich eine einfache Mahlzeit.» Bis auf den heutigen Tag bekennen sich die größten toskanischen Küchenchefs zur bäuerlichen Tradition und weisen darauf hin, dass sie lediglich die Klassiker der *cucina casalinga*, der Hausmannskost, verfeinern. Und in der Tat zeichnet sich das toskanische Mahl durch seine vorhersehbare Zusammensetzung aus: Brot, Öl, Bohnen, Gebratenes, Gemüse, Pilze, Käse.

Es gehört schon eine gute Portion kulinarischer Konservatismus dazu, sich Tag für Tag jene in Öl getränkten Würfel aus ungesalzenem hartem Brot namens *crostini* als Appetithäppchen schmecken zu lassen. Dieselben bescheidenen Ansprüche stellte man dereinst an den Wein der Toskana. Allerdings wurde er in den letzten 25 Jahren dem tiefgreifendsten Wandel seiner Geschichte unterworfen. Die strohumflochtene Chianti-Flasche ist fast völlig von der Bildfläche verschwunden. Wein zu trinken ist «in»; seine Macher sind zu Berühmtheiten

geworden. Die Toskana steht heute im Scheinwerferlicht der internationalen Öffentlichkeit. Erwartungsgemäß macht sie dabei eine hervorragende Figur.

Zeiten des Umbruchs sind immer besonders faszinierend. Im Lauf der letzten Generation hat die Toskana den Übergang von einer allem Fremden misstrauenden Bauernkultur zu einer gewandten, wohlhabenden Gesellschaft geschafft, die Anregungen aus aller Welt aufgreift und auf ihre eigene unnachahmliche Weise umsetzt. Ihre Bewohner keltern heute einige der eigenständigsten, charaktervollsten Roten der Welt und servieren sie zu bodenständigen Köstlichkeiten, die uneingeschränkten Genuss versprechen. Die Weißweine haben mit dieser Entwicklung nicht Schritt gehalten. Einfache Erzeugnisse für Fischgerichte gibt es bereits – an ausgefeilteren Kreationen arbeitet man noch.

Ob das den Besucher kümmert, der von einem Tisch im Hafen aus den schwankenden Fischerbooten zusieht? Wenn der Ober die mit Salz und Öl betörend schmackhaft gemachte *bistecca* reicht, sollte man da nicht einfach den glückseligen Augenblick genießen?

Die Toskana und ihre Weine

Aus der Satellitenperspektive präsentiert sich die Toskana als ein Dreieck, das im Westen von der fast 250 Kilometer langen Küste des Tyrrhenischen Meeres und im Norden, Osten und Süden von Bergen begrenzt wird. Die Apenninen, Italiens Rückgrat, bilden einen Wall nach Norden hin. Ihnen vorgelagert sind die Apuanischen Alpen, die von Lucca aus mit ihren ganzjährig wie schneebedeckt anmutenden Marmorbergen einen spektakulären Anblick bieten.

Die lange Gebirgskette setzt sich hinter den fast wie Perlen von West nach Ost aufgereihten Städten Lucca, Pistoia, Prato und Florenz fort und schwingt dann nach Süden. Hier schmiegt sich der Arno mit seinem östlichen Ufer an die steilen Hänge der Apenninen, während er mit seinem westlichen die ersten Hügel des Chianti streift. Ihnen gehört die Mitte des Dreiecks, die sie auf etwa 60 Kilometern Breite mit ihren niedrigen Kuppen und lang gezogenen Kämmen ganz für sich einnehmen und durch leichtes Ansteigen der Colline Metallifere, des Toskanischen Erzgebirges, in Richtung Küste zum Becken formen.

Südlich von Chianti wandelt sich das Gesicht der Region radikal: Plötzlich herrscht offenes, sanft geschwungenes Weideland vor, durchsetzt von seltsamen erodierten Furchen, den *crete*. Dahinter steigt die Landschaft erneut an und schwingt sich auf zu einer von Siena nach Arezzo reichenden Kette aus festungsgekrönten Anhöhen. Sie überragen das breite Val d'Orcia, das nach Süden hin vom erhabensten Berg der Toskana dominiert wird: dem Monte Amiata, der den direkten Weg nach Rom versperrt.

Die Touristen, die seit der Renaissance von ganz Europa aus in die Toskana strömen, überwinden die Apenninen entweder entlang der Küste über die Römerstraße Via Aurelia, vorbei an den berühmten Marmorsteinbrüchen von Carrara, oder über den Pass von Bologna nach Florenz.

Auf der *autostrada* ist dies heute eine ereignislose Fahrt – die Wälder bergen keine Gefahren mehr. Für die zu Fuß oder hoch zu Ross Reisenden von einst aber war der Weg steil, der Forst dicht und unheilvoll und der Gedanke an Wölfe und Bären ein Grund zur Eile. Als

DIE TOSKANA UND IHRE WEINE 11

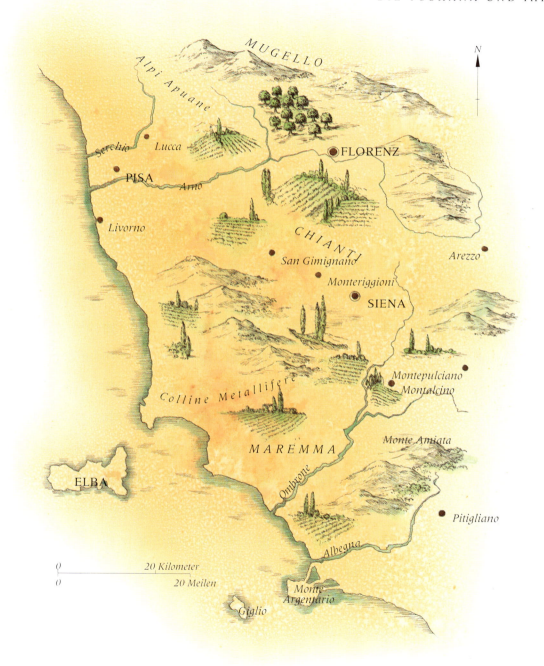

12 DIE TOSKANA UND IHRE WEINE

Mit Ochsengespannen auf dem Feld arbeitende contadini *waren noch bis zum Zweiten Weltkrieg ein vertrauter Anblick. Sie betrieben eine Mischkultur aus Rebstöcken, Oliven und Feldfrüchten, die Besucher für die üppige Schönheit des Landes begeisterte, den Bauern in ihrem kärglichen Dasein jedoch alles abforderte.*

sich Montaigne 1581 zum ersten Mal von Bordeaux aus über Deutschland und den Brenner zur Toskana aufmachte, beschrieb er die Berge nördlich von Florenz als schwierigsten Teil der Reise.

Umso lohnender war dann der Blick hinab in die grünen Täler des Mugello, der Heimat der Medici, umso verheißungsvoller die spektakuläre Vielfalt der Gärten von Pratolino, deren Grotten, Seen und Brunnen dem von Norden kommenden Besucher im 16. Jahrhundert einen ersten Eindruck von der Florentiner Pracht vermittelten.

Der Weg hinunter ins Tal des Arno bietet noch heute den Anblick, der schon damals den Ankömmling fesselte: Aus dem Häusermeer ragen der Campanile und die Kuppel des Doms heraus, auf den Hügeln um die Stadt liegen Villen und Kulturschätze so dicht gesät wie nirgendwo sonst in Europa. Im 16. Jahrhundert zählte Florenz 90 000 Einwohner und war damit bevölkerungsreicher als das damalige London. Obwohl die Kunstmetropole sich mittlerweile stark ausgedehnt hat und mit den benachbarten Städten Prato und Pistoia zusammengewachsen ist, präsentiert sie sich nach wie vor als Bild beschaulicher Kultiviertheit, umgeben von dunstverhangenen Bergen.

Die *villegiatura*, die Flucht von der Stadt in eine Villa in den Bergen, war eine tief verwurzelte Passion der Medici. Sie besaßen ein Herrenhaus in Careggi, dem bevorzugten Refugium von Cosimo dem Alten, und eines in Castello; beide liegen heute in den nördlichen Außenbezirken von Florenz. Eine weitere Medici-Villa stand in Fiesole. Cafaggiolo, ebenfalls von Cosimo erbaut, und Il Trebbio dienten ihnen als Zuflucht in ihrer Heimat Mugello. Die Villa von Lorenzo dem Prächtigen in Poggio a Caiano und das Jagdschloss in Artimino liegen weiter westlich flussabwärts im Tal des Arno, wo der Monte Albano aufragt.

Im Osten von Florenz wiederum findet man hoch oben in den Bergen von Rufina die Güter von Nipozzano und Pomino. Auf ihnen sind die Wappen der Albizi, der großen, von Cosimo ausgeschalteten Rivalen der Medici, und einer weiteren bedeutenden Bankiersfamilie, der Frescobaldi, zu sehen. Rufina mit den tiefen

Tannenwäldern von Vallombrosa im Hintergrund gleicht einem Balkon, von dem aus man den Arno überblickt. Sein Tal verbreitert sich westlich von Florenz und erstreckt sich vom unterschiedlich dicht besiedelten nördlichen Rand bei Lucca bis zur Mündung hinter Pisa.

Die Villen der herrschenden Klasse waren Refugien, gleichzeitig aber auch Landgüter, *fattorie*, für die Versorgung der großen Haushalte in der Stadt. Die Überschüsse an Wein, Getreide, Fleisch und Öl wurden ebenfalls in Florenz verkauft. Die Dynastie der Antinori gehört zu diesen adeligen Familien; von ihrem Florentiner Palast aus betrieben sie schon im 14. Jahrhundert Handel. Guten Wein bekam man nur von den Gütern dieser Häuser, vor allem von Nipozzano im Besitz der Albizi und von Carmignano im Land ihrer Rivalen, der Medici. Carmignano liegt in den Hügeln von Montalbano, die noch immer den seltsamen Namen Barco Reale tragen. «Barco» hat in diesem Fall nichts mit einem Boot zu tun, sondern bezeichnet die Mauern um den ausgedehnten Jagdpark der Medici zwischen den Flüssen Arno und Ombrone.

Über den Wein des 14. Jahrhunderts ist nicht viel bekannt. Den Überlieferungen zufolge wurde meist Weißer getrunken. Auf der von Sonntag bis Dienstag dauernden Hochzeit von Lorenzo dem Prächtigen und seiner Braut, der Römerin Clarice Orsini, beispielsweise «waren Speise und Trank so bescheiden und schlicht, wie es sich für eine Heirat geziemte». Die 300 Fass Wein, die man zum Kühlen in Kupferbehälter goss, waren zum Großteil aus den meistangebauten Weißweintrauben Trebbiano und Vernaccia gekeltert.

Michelangelos Aufzeichnung über den Vernaccia von San Gimignano gehört zu den wenigen erhaltenen Verkostungsnotizen, die die Zeiten überdauert haben. Verlassen kann man sich auch auf Montaignes Urteil; er war ein ehrbarer Mann, aus Bordeaux obendrein, der nur selten auf eine Bewertung der ihm gereichten Viktualien verzichtete. (Rabelais hingegen, der die Toskana ein halbes Jahrhundert vorher bereist hatte, behielt seine Meinung lieber für sich.)

Die fast allgegenwärtige Trebbiano gab damals wie heute wenig Anlass zur Begeisterung. Trotzdem konnte

DIE TOSKANA UND IHRE WEINE 15

die «Trebisian», wie Montaigne die Traube nannte, «sehr gut» ausfallen. In Lucca bezeichnete er sie als «stark, reif und keineswegs fein», in Florenz erschien sie ihm «süß und wuchtig» und bereitete ihm Kopfschmerzen. Süße war offensichtlich das gesuchte Qualitätsmerkmal, doch er erkostete nur *une douceur lâche*, eine fade Süße, die er *insupportable en cette saison*, für jene Jahreszeit unerträglich, fand. Auf jeden Fall wurde Trebbiano in der Regel mit Wasser verdünnt und in «außergewöhnlich kleinen» Gläsern getrunken. Ganz anders in Deutschland: Hier hatte Montaigne erlebt – und ganz offensichtlich genossen –, dass man den Wein in großen Gläsern reichte, die auf einen Zug geleert wurden.

Filippo Mazzei von Fonterutoli aus der Gemeinde Castellina in Chianti ist ein direkter Nachfahre jenes Mazzei, der vor 600 Jahren einen Wein erstmals Chianti nannte. Er gehört zur ersten Riege zukunftsorientierter Spitzenerzeuger in der Region.

Rotwein nannte man damals *vermiglio*; er kam als hellrotes, klares, dem französischen *clairet* ähnliches Getränk in den Handel. Ein *vermiglio tondo* fiel vermutlich «runder» und dunkler aus. Die besten in Florenz erhältlichen Regionalweine – ob weiß oder rot – stammten aus Carmignano, Rufina und den nahe gelegenen Chianti-Dörfern im Süden wie etwa Impruneta und Greve. So ist es bis heute geblieben.

Nicht dass die toskanischen Landbesitzer keinerlei Ehrgeiz entwickelt oder guten Wein nicht zu schätzen gewusst hätten. Niccolò Capponi schrieb sein *Modo di fare il vino alla francese* schon kurz nach 1600. Am Ende des 17. Jahrhunderts – in dem übrigens auch der Champagner, die großen weißen Burgunder, der Tokajer als erster Botrytis-Wein, die *clairets* der berühmten französischen Châteaux und der Portwein erfunden wurden – führte die Toskana bereits

Wein in anspruchsvolle Märkte aus, allen voran London. Der britische Konsul in Livorno handelte mit rotem «Florence», Montepulciano und dem süßen Moscadello, der damaligen Spezialität von Montalcino. Der «Florence» wurde anscheinend stets in Flaschen exportiert – eine auffallende Gepflogenheit, waren doch damals Fässer das Standardbehältnis für den Weintransport. Er muss ein besonderer Tropfen gewesen sein. Stammte er möglicherweise sogar aus Carmignano oder Rufina?

Indes, die Tage der Medici waren gezählt. Ihr Land verarmte zusehends, die Handelsgeschäfte in Florenz gingen schlechter, und die Bevölkerung nahm ab. Der letzte mehr oder weniger aktive Medici, Großherzog Cosimo III., ein finsterer, aber dem Essen und Trinken durchaus zugetaner Mann, erließ als einer der ersten europäischen Herrscher feste Vorschriften für die

Weinwirtschaft und wies die besten Anbauzonen aus: Carmignano, Pomino, Chianti und das obere Arno-Tal. Es sollte eines der letzten Medici-Dekrete sein. Bald darauf fiel die Toskana an Österreich. Unterbrochen wurde die Herrschaft der Habsburger nur durch Napoleons rücksichtsloses Großmachtstreben.

Die Zeit unter österreichischer Herrschaft erwies sich als Segen. Der neue Großherzog Franz Stephan von Lothringen, der spätere Franz I. von Österreich, Gemahl der Kaiserin Maria Theresia und Vater der französischen Königin Marie Antoinette, reformierte das marode Herzogtum. Sein Nachfolger Leopold I. erwies sich als umsichtiger Regent. Im Zuge der Aufbruchstimmung jener Zeit schloss sich eine Gruppe von Landbesitzern und Wissenschaftlern zur Accademia dei Georgofili – wörtlich «Akademie der Freunde der Erde» – zusammen. Der Großherzog brachte sie im Herzen der prachtvollen Uffizien unter, dem einstigen Verwaltungsgebäude der Medici in Florenz.

Die Accademia befindet sich noch immer in der Mitte des südlichen Traktes des großen, mit Arkaden vollgepackten Hofs. Ihr gehörten damals wie heute Mitglieder aller adeligen toskanischen Familien an. Die Bibliothek enthält Aufzeichnungen über sämtliche Initiativen zur Verbesserung der toskanischen Landwirtschaft seit 1753 – sogar eine Abhandlung über «Methoden zur Erkennung der gefährlichsten Weinpanschereien» findet sich darunter.

Trotz dieser gut gemeinten Bemühungen aber tat sich im Prinzip sehr wenig. Kein Menschenschlag ist konservativer als der toskanische Bauersmann – und ihm oblag ja schließlich die Bearbeitung des Landes. 2000 Jahre lang hatte er seine Reben an Bäumen hochgezogen, und er sah keinen Grund, plötzlich damit aufzuhören. Der französische Philosoph und Wissenschaftler Jules Guyot erkannte darin «eine Freiheit, Gleichheit und stumpfsinnige Brüderlichkeit, die ihre Wuchskraft und Fruchtbarkeit zu drei Vierteln zerstörte».

Erst als das feudale Halbpachtsystem der *mezzadria* abgeschafft wurde, stiegen die toskanischen Weinbauern von ihren Bäumen herunter, pflanzten die Rebstöcke vernünftig, schnitten sie angemessen und lasen die Trauben, wenn sie reif waren.

Wie jedes traditionelle Weinbaugebiet hat auch die Toskana ihre einheimischen Reben. Manche stammen aus dem Mittelalter oder sind noch älter – einige Spuren führen sogar bis ins antike Griechenland zurück. Die bei weitem bedeutendste autochthone Sorte ist die Sangiovese. Ihr Name leitet sich von *sanguis Jovis*, «Blut des Jupiter», ab – vermutlich aber kannten sie schon die Etrusker. Wie viele alte Kulturpflanzen wurde auch die Sangiovese im Lauf der Zeit unzählige Male teils zum Guten, teils zum Schlechten verändert. Es entstanden Klone mit größeren oder kleineren Beeren beziehungsweise Trauben, später oder früher reifende, ertragreichere oder -ärmere, qualitativ bessere oder schlechtere Spielarten. In der Toskana findet man heute oft die Sangiovese grosso, doch auch sie hat ihre Varianten, insbesondere die ertragarme Form, die man in Montalcino als «Brunello» kennt.

Die Sangiovese schmückt sich mit vielen Tugenden. Ihre Weine sind aromatisch, relativ säurereich und an-

genehm tanninhaltig. Der Geschmack wird von einer rustikalen Wärme getragen, die an geröstete Esskastanien erinnert. Mit zunehmender Reife kann sich in Duft und Geschmack eine gewisse erdbeerartige Süße bemerkbar machen. Zu ihren Schwächen zählen mangelnde Farb- und Geschmackstiefe. Die helle Tönung ist auch der Grund, warum andere rote Rebsorten aus der Toskana wie die dunklen, säureärmeren Trauben Canaiolo, Mammolo und Colorino zu traditionellen Verschnittpartnerinnen der Sangiovese avanciert sind.

Die weiße Malvasia, wie die Malmsey auf Madeira ein Abkömmling derselben griechischen Traube, ist eine Adoptivtochter der Toskana. Sie wird mit der Sangiovese verschnitten, um ihrem oft dünnen und herben Wein weichere Konturen und mehr Fülle zu geben. Weitaus häufiger, ja, viel zu häufig, findet man die weiße Trebbiano. Problemloser Anbau und reiche Erträge sind mehr oder weniger ihre einzigen Vorzüge.

Die Geschichte des modernen toskanischen Weins ist von den ersten Versuchen einer Definition des Chianti an bis zum Triumphzug der Supertoskaner in

unseren Tagen weit gehend geprägt von der Suche nach den geeignetsten Reben und der besten Kultivierungsmethode. Immer öfter kommen dabei die Cabernet-Sorten, Merlot und andere mittlerweile international gewordene französische Trauben ins Spiel. Es überrascht, wie «toskanisch» sie auf toskanischem Boden zu werden scheinen – vor allem in den relativ hohen Lagen im Herzen der Chianti-Region, wo sich das Klima extremer als beispielsweise in Bordeaux gebärdet.

Mittlerweile setzt sich außerdem eine Tradition fort, die zwar nicht auf die Toskana beschränkt ist, aber hier besonders gehegt wird: die Erzeugung kleiner Mengen eines Traubenelixiers namens Vin Santo – ein wahrhaft «heiliger Wein», dem manche durchaus plausibel einen griechischen Ursprung zuschreiben. Es gibt kaum ein Weingut, das nicht über den Winter eine Hand voll Trauben – für gewöhnlich Trebbiano, besser jedoch Malvasia – in einer Scheune trocknet, bis der Saft verdunstet ist und Zucker in hoher Konzentration zurückbleibt.

Ein mit Fingerspitzengefühl bereiteter Vin Santo kann süß, aromatisch und äußerst charaktervoll ausfallen oder aber trocken, kräftig und mit einer leichten Sherry-Note daherkommen. Seine Erzeugung ist nach wie vor eine Angelegenheit der Bauern und wird kaum in großem Maßstab betrieben. Man bekommt ihn am Ende eines Besuchs als rituellen Abschiedstrunk eingeschenkt, nippt zum Ausklang einer Mahlzeit an ihm oder lässt ihn sich als *vino di meditazione* mit trockenen Mandelbiskuits namens *cantucci* schmecken, die hineingetunkt werden.

Wer seinen Vin Santo sehr ernst nimmt, lässt ihn fünf bis sechs Jahre in *caratelli* reifen. Diese Miniaturfässer sind seltsam länglich geformt und passen deshalb unter die Dächer der Bauernhäuser, wo ihr Inhalt wie bester Madeira extremen Temperaturschwankungen ausgesetzt ist. Der beste Vin Santo stammt von Avignonesi in Montepulciano; das Standardwerk zum Thema wiederum schrieb Antinoris großer Önologe Tachis.

DIE TOSKANA UND IHRE WEINE   21

Von der Terrasse in Fonterutoli aus ziehen sich die Hügel des Chianti nach Süden, um schließlich mit dem dunstverhangenen, welligen Horizont zu verschmelzen. Schützt man die Augen vor der Sonne, erkennt man in der Ferne die kantigen Konturen einer ummauerten Stadt. Sie wird weit überragt von einem hohen Wachturm, dem Torre del Mangia. Seit mehr als sechs Jahrhunderten blickt die Familie Mazzei von ihrem Kastell in Fonterutoli auf Siena.

Entlang der drei ehrwürdigen Dörfer Castellina, Radda und Gaiole in unmittelbarer Nachbarschaft verlief während der jahrhundertelangen Kriege zwischen Florenz und Siena die Front. Lange bevor man die Weine der Region als Chianti bezeichnete, gründete das Trio die Lega del Chianti. Der Ortsname stammt möglicherweise noch aus etruskischer Zeit. Ser Lapo Mazzei nannte 1398 in einem Schreiben an seinen lebenslangen Freund Datini, den gefeierten Kaufmann aus Prato, erstmals einen Wein Chianti. Er bezog sich dabei auf einen Weißen, den bevorzugten Rebensaft des Mittelalters.

Das Kastell, Siena, die Familie Mazzei und ihr Geschäft, die Reben, Oliven und Zypressen an den benachbarten Hängen, das alles ist seit so langer Zeit gleich geblieben, dass man Veränderungen hier am allerwenigsten erwartet. Das ist die Toskana, wie man sie schon immer kennt, könnte man meinen. Und doch hat sich in Fonterutoli und rund 100 vergleichbaren Gütern in den letzten 50 Jahren fast alles von Grund auf gewandelt. Selbst die scheinbar ewig gleiche Landschaft ist kaum mehr wieder zu erkennen. Als in den 1960er-Jahren Schluss war mit dem archaischen System der *mezzadria*, änderte sich das Leben der *contadini*, der Bauern, radikal – und damit auch die Natur, die sie geformt hatten.

Blickt man heute von einem der vielen erhöhten Standorte aus auf das Chianti, präsentiert sich die Gegend als endlose Reihe unregelmäßig geformter, größtenteils mit dichten Eichenwäldern bewachsener Hügel. Die immer gleichen Reben, Olivenbäume, Mauern, Feigenbäume, Zypressenwäldchen, Getreidefelder, Eichen und Wasserläufe an den Hängen sind für den Gesamteindruck so belanglos wie die Gischt zwischen mächtigen Wellen. Chianti gibt sich als Ländchen mit einer zu groß geratenen Landschaft, die sich am Horizont im purpurroten Dunst verliert.

Der Blick auf ein 40 Jahre altes, von der Terrasse in Fonterutoli aus gemachtes Schwarzweißfoto offenbart Erstaunliches, so grobkörnig es auch sein mag: Nur Siena in der Ferne scheint unverändert. Die Hügel im Vordergrund hingegen, heute dicht mit Eichen und schwarzen Zypressen bestanden, waren steinkahl oder buschbedeckt. Das Land wirkte viel belebter, und die *contadini* hielten Vieh. Es fraß die Triebe der einheimischen Baumarten ab, die der Region heute wieder ihr charakteristisches Aussehen als Wald mit bewirtschafteten Lichtungen zurückgegeben haben.

Kaum eine andere Kulturlandschaft war je so stimmungsvoll lieblich wie die *cultura promiscua* der Toskana. Sie lebte von der bunten Vielfalt: Bäume standen neben Rebstöcken, Oliven zwischen Ulmen und Pappeln, Kohl wuchs neben Getreide, Feigenbäumen und Sonnenblumen, und dazwischen liefen Hühner herum. In den Weinbergen gedieh die edle Sangiovese Seite an Seite mit Dutzenden anderer, weißer wie roter Rebsorten.

Die Felder waren bevölkerter als die menschenleeren Dorfstraßen, denn die schwarz gekleideten *contadini* pflanzten, bestellten und ernteten fast ohne Unterlass. Während der Lese gingen die Familien hinter Ochsenkarren auf das Feld hinaus, ein oder zwei Zugtiere zogen ein hölzernes Fass auf Rädern. Breite Leitern wurden an die Bäume gelehnt, damit die Leser an die in barocken Girlanden um die Äste geschwungenen Triebe kamen. Während rote wie weiße Beeren samt Kämmen im Holzfass landeten, stand der Bauer daneben und zerstampfte das Lesegut mit einem dicken Stock, um die Trauben zu lösen und Platz zu schaffen. Schließlich begann die tintige Brühe in der Sonne zu gären, sodass sich zwischen den glänzenden Schalen und dem Wirrwarr aus Stielen Bläschen bildeten.

Zum Frühstück reichte der Bauer einen alten *fiasco* herum, dessen abgegriffener Strohmantel schon rot-

Eine Jagdgesellschaft in Badia a Passignano spürt das Wild auf. Noch Anfang des 20. Jahrhunderts war das Chianti nicht die gepflegte, ertragreiche Kulturlandschaft, die wir heute kennen.

braun geworden war. Aus ihm floss letztjähriger Wein in die Trinkbecher, pechschwarz, bitter, sauer und süß zugleich. Mit dem Trunk wurden hartes Brot und Unmengen süßer Trauben die Kehle hinuntergespült.

Man denkt unweigerlich an Vergils vor 2000 Jahren entstandenen Landbaukalender. Seither hatte sich fast nichts getan, und selbst das Wenige war kaum ein Wandel zum Besseren gewesen. Gut, die Leibeigenen zu Vergils Zeiten waren praktisch ein Teil des Landes gewesen, während diese Bauern vielleicht sogar schon Verwandte in Amerika hatten. Doch ein Pächter zeigt nur wenig Motivation und hat obendrein einen höchst beschränkten Horizont. Indes, die Toskaner sind laut Henry James fähig, «aus alltäglichen Dingen viel zu machen und unbedeutenden Gelegenheiten große Freude abzugewinnen». Das hatte sie die Erfahrung gelehrt. Und Vergil, dessen Liebe zum Land so rein war wie der Geruch von frischem Gras, stellte fest, dass die Erziehung von Reben nie ein Ende findet. «Bewundre einen großen Weinberg, wenn du willst, aber bestelle einen kleinen», schrieb er.

Bei der primitiven Anbaumethode der *contadini* kam guter Wein nur durch Zufall zustande. Die zu hoch über dem Boden in den Bäumen hängenden Trauben reiften ungleichmäßig, wenn überhaupt. Auch die vielen wild durcheinander gepflanzten Sorten wurden zu unterschiedlichen Zeiten reif; dennoch las man sie alle gleichzeitig. Das Fass wurde nur notdürftig gereinigt und roch durchdringend nach Essig. Die mit dem Saft vergorenen Kämme reicherten den Wein mit bitterem Tannin an. Und während man das Fass füllte, stand es in der Sonne, sodass der Saft oxidierte, selbst wenn von Zeit zu Zeit eine Hand voll Schwefel hineinkam.

Zurück in der *cantina* wurde das Lesegut in vorsintflutliche Bottiche gekippt. Dann streiften die Söhne des Hauses ihre Hosen ab, stiegen hinein und stampften auf dem Brei mitsamt den Stielen und Kernen herum, bis das Ganze flüssig genug war, um in Eimer gefüllt zu werden. Schließlich schaufelte man die Brühe in alte aufrechte Korbpressen und drückte den Deckel mit aller Gewalt darauf. Die im Saft gebliebenen Stiele machten den Wein zwar bitter, stabilisierten ihn aber auch.

Nun setzte sogleich der Gärprozess ein und erfüllte die Luft mit zu Kopf steigenden Dämpfen, sodass jedermann eilends die *cantina* verließ, um nicht zu ersticken. Die Fermentation lief nur selten vollständig ab, auch wenn der Zucker vollständig in Alkohol umgewandelt wurde. So blieb der Wein süßlich und schäumte selbst dann noch hartnäckig, wenn er schon ins nächste Fass kam, aus dem man schließlich die *fiaschi* auffüllte. Immerhin drängten Süße und Kohlensäure den bitteren Geschmack und den Essigstich etwas in den Hintergrund.

Genießbar und damit verkäuflich wurde ein solcher Wein noch am ehesten durch den *governo*, eine Bereitungsmethode, die ihm Kraft und Geschmack verlieh. Man sammelte vor allem von der Canaiolo einige der besten und reifsten Trauben getrennt ein, hängte sie an Dachsparren oder legte sie auf strohbedeckte Regale zum Trocknen, damit sie etwas schrumpften und sich ihr Zuckergehalt erhöhte. Wenn dann die Gärung des Hauptleseguts fast abgeschlossen war und sich nur noch gelegentlich ein Bläschen zeigte, zerstampfte man die

teilrosinierten Trauben und fügte sie dem jeweiligen Fass hinzu. Die zusätzliche Traubenzuckerdosis setzte je nach den im Keller herrschenden Bedingungen und vor allem den dortigen Temperaturen mehrere Abläufe in Gang. So wurde die noch nicht abgeschlossene Fermentation wieder angekurbelt, was zu stärkeren und stabileren Tropfen führte. Oder es setzte eine malolaktische Gärung ein, durch die Säure abgebaut und der Wein milder wurde. Manchmal entstand auch dieses angenehme, für jungen Chianti von jeher typische Prickeln.

So also präsentierte sich in den 1950er Jahren in weiten Teilen der Toskana der Weinbau. Bessere Erzeugnisse waren in Italien einfach nicht gefragt; wer wirklich Gutes bevorzugte, bereitete seinen eigenen Wein. Die berühmten alten Prädikatsnamen Montepulciano und Montalcino hatten als Qualitätsgarantie zunächst ausgedient.

Trotz der Bemühungen eines *consorzio* zur Wahrung der Reputation von Chianti genügten die meisten

Jahrhundertelang labte sich Florenz an Chianti-Wein. Er wurde bis vor rund 20 Jahren in bauchigen, mit einem Strohmantel geschützten Flaschen verkauft. Heute ist der fiasco so gut wie ausgestorben: Zu hohe Kosten und der Siegeszug der von Weinsnobs bevorzugten Bordeauxflasche machten ihm den Garaus.

Weine, selbst die für den Export bestimmten, nur sehr geringen Ansprüchen. Ein Großteil wurde an die italienischen Einwanderer in Übersee verkauft. Die freundliche Strohflasche in den *trattorie* rund um den Globus ließ keinen Zweifel: Der Chianti war in der Regel ein dünnes Getränk aus bäuerlicher Produktion.

Und das Schlimmste: Dieses Machwerk genoss sogar gesetzlichen Schutz. In den 1930er Jahren hatte eine Kommission unter Mussolini die Chianti-Zone von ihrer ursprünglichen Enklave, dem heutigen Classico-Bereich, auf einen Großteil der Toskana ausgeweitet, sodass jede Provinz mit Ausnahme von Grosseto ihren eigenen «Chianti» keltern durfte.

Um wenigstens etwas Ordnung in das italienische Weinchaos zu bringen, bemühte sich die Regierung in den 1960ern verzweifelt, zumindest den Status quo zu wahren. Die DOC-Vorschriften waren ein gut gemeinter Versuch, Italien zu einem Appellationssystem nach französischem Vorbild zu verhelfen. Damit wurde aber gerade die Formel abgesegnet, mit der man Chianti bis zur Bedeutungslosigkeit verwässert hatte. So schrieb das Gesetz einen Anteil von mindestens 10 und höchstens 30 Prozent weißen Trauben vor, um die natürliche Rauheit von gutem rotem Sangiovese- und Canaiolo-Wein zu mildern.

L&P Antinori, ein von Abkömmlingen der berühmten Florentiner Adelsfamilie gegründetes Unternehmen, brachte als erstes Gut einen Chianti Riserva in Umlauf, ein Spitzenerzeugnis aus den eigenen Weinbergen, das man mit Trauben von befreundeten Gütern verschnitt. Man verlieh ihm damit einen Hauch von rotem Bordeaux, damit er auf dem internationalen Markt reüssierte. Das war 1904. Das Rezept, auf Rebsorten aus Bordeaux zu setzen, brachte die Toskana in den 1970er-Jahren wieder auf Erfolgskurs.

Schon zuvor hatten mehrere Güter mit exotischen Rebsorten experimentiert, wenn auch nur aus privatem

Der Marchese Piero Antinori (links) und sein Önologe Giacomo Tachis machten sich in den 1960er-Jahren an die Modernisierung der toskanischen Weinlandschaft und blieben ihrer Linie auch in den 1970ern und 1980ern treu. Eine Hand voll berühmter Önologen gibt heute in der ganzen Toskana den Ton an.

DIE TOSKANA UND IHRE WEINE   29

und nicht so sehr wirtschaftlichem Interesse. Die Vorschriften der DOC Carmignano gestatteten in Anlehnung an die Verschnittpraxis des besten Weingutes in der Zone sogar einen Anteil von 10 Prozent Cabernet Sauvignon. Und auch die Stecklinge, dank derer alles ins Rollen kam und letztendlich der Pragmatismus siegte, stammten aus Bordeaux: In den 1940ern bepflanzte ein gewisser Mario Incisa della Rochetta inmitten einer von Früherdbeeren und Pfirsichen geprägten Gegend weitab von allen Weinbergen eine steinige Parzelle am Meer mit Cabernet-Sauvignon-Reben. Incisa besaß das heruntergewirtschaftete Gut San Guido bei Bolgheri an der Küste südlich Livornos. Dort ist es bedeutend wärmer als in den Chianti-Hügeln; die Reben blühen im Mai, und die Trauben werden Anfang September gelesen.

Auch Incisas Vettern Lodovico und Piero Antinori hatten hier Land geerbt. Ihr junger Önologe Giacomo Tachis aus dem Piemont stufte den Cabernet von San Guido als exzellent ein. Incisa pflanzte weitere Stöcke, bis der Weinberg Sassicaia – wörtlich «steinig» – 23 Hektar Cabernet Sauvignon und Cabernet franc umfasste.

Bolgheri gehörte damals noch nicht zu einer DOC-Zone, weshalb Antinori den Einstands-Sassicaia 1968 als Vino da Tavola kennzeichnete. Fiero Antinori und Tachis befassten sich damals mit der Einführung der Cabernet auf ihrem Gut Santa Cristina in der Chianti-Classico-Zone. Zwischen 1969 und 1983 stattete ihnen der renommierteste Weinberater aus Bordeaux, Professor Émile Peynaud, regelmäßig Besuche ab.

1970 erzeugte Antinori einen Nektar, dem er den Namen des Weinbergs gab. Rein technisch war der Tignanello als reinsortiger, in kleinen Fässern aus französischer Eiche gereifter Sangiovese kein Chianti. 1975 fügte Antinori einen kleinen Anteil Cabernet hinzu, und 1978 brachte er schließlich den Solaia auf den Markt, auch er ein Verschnitt aus Sangiovese und Cabernet, bei dem allerdings das Hauptgewicht auf Cabernet lag. Beide Weine fielen nicht unter das DOC-System und wurden daher «nur» als Tafelweine deklariert.

Mittlerweile hatte jeder vorausschauende toskanische Winzer erkannt, dass die alte Chianti-Formel, so «Classico» sie auch sein mochte, der Qualität und

Vielfalt unnötigerweise abträglich war. Also scherte man sich nicht mehr um DOC-Vorschriften und ließ seiner Fantasie freien Lauf. Die Geburtsstunde des «Supertoskaners» hatte geschlagen. Und um deutlich zu machen, dass es sich dabei nicht um einen Chianti-Ersatz, sondern um ein hochklassigeres Produkt handelte, füllte man ihn in eine hohe, dunkle, schwere Flasche, klebe ein Etikett mit Florentiner Flair darauf und verkaufte ihn teuer.

Schließlich wurde mit der IGT eine neue Kategorie aus der Taufe gehoben, die für anspruchsvolle Kreationen außerhalb des DOC-Regelwerks gedacht war.

Die Sangiovese ist die toskanische Traube schlechthin. Sie stammt vermutlich noch aus etruskischer Zeit. Über die Jahrhunderte hinweg entstanden zuhauf weitere Varianten und Klone, von denen manche viel zu ertragreich sind und dünne Weine liefern. Der Charakter der Traube entfaltet sich am besten in der Sangiovese grosso und vor allem den in Montalcino als Brunello und in Montepulciano als Prugnolo gentile bekannten Spielarten. Heute ist die Sangiovese weit über die Toskana hinaus bekannt – selbst kalifornische Winzer haben die Tugenden dieser köstlich rauen Rebsorte entdeckt.

Das Arno-Tal:
zwischen Florenz und dem Meer

Die ersten viel gerühmten, gesetzlich reglementierten toskanischen Weine stammten aus den Hügeln um Florenz. Dort besaßen die führenden Florentiner Familien Jagdvillen, Lustschlösschen und Landgüter zur Versorgung der Paläste in der Stadt.

DAS ARNO-TAL: ZWISCHEN FLORENZ UND DEM MEER 33

DIE TOSKANA UND IHRE WEINE

Die toskanische Metropole ist keineswegs ein Weinzentrum wie Bordeaux oder Beaune. In Florenz erweckte man vor 600 Jahren die Künste zu neuem Leben, feierte die Wiederentdeckung der klassischen Gelehrsamkeit und begründete beinahe schon das moderne Gedankengut. Die Quintessenz weltlicher Freuden stellt praktisch die Brücke über den Arno dar, denn auf ihr bieten ausschließlich Goldschmiede ihre Ware feil. Die Freude am Reichtum, der Sinn für alltäglichen Luxus manifestiert sich in der Kleidermode, den Handtaschen, den Schuhen sowie unzähligen Accessoires zur Befriedigung der Eitelkeit. Die Märkte quellen über vor Köstlichkeiten aller Art. Wein scheint eher zweitrangig zu sein. Wenn es Vinotheken gibt, so fallen sie nicht auf. In einer Florentiner *trattoria* aber gehören Wein und Essen so untrennbar zusammen, dass man sofort merkt: Die Toskana ohne Rebensaft ist undenkbar.

Auf der untersten Stufe in der gastronomischen Rangfolge steht die *fiaschetteria*, eine Bar, die Wein, *panini* und einfache Gerichte anbietet. Am oberen Ende rangiert eine Institution, die sich international einen Ruf als Pilgerstätte für Weinliebhaber erworben hat: die Enoteca Pinchiorri. Sie befindet sich in Erdgeschoss, Hof und Keller eines Palazzo. Die edelsten Kreszenzen werden hier verführerisch präsentiert. Man begegnet einem Überfluss und einer Vielfalt, die weit über Italiens Grenzen hinaus Berühmtheit erlangt hat. Hier fällt es einem schwer, nicht ernsthaft in Versuchung zu geraten. Das Personal mag in Frankreich ebenso professionell agieren, doch bei Pinchiorri stellt es zusätzlich eine fast katzengleiche Omnipräsenz zur Schau. Das typisch toskanische Beharren auf der bäuerlichen Herkunft jedes Gerichts weckt inmitten des strahlend weißen Tischzeugs, des funkelnden Kristalls, des glänzenden Silbers und der Blütenpracht leise Zweifel.

Fortsetzung Seite 39

DAS ARNO-TAL: ZWISCHEN FLORENZ UND DEM MEER

Blickfang jeder Stadtansicht von Florenz ist neben dem Palazzo Vecchio der Duomo mit dem Baptisterium und Giottos Glockenturm. Als malerische Kulisse dienen die grünen Hügel vor den Toren der Stadt.

36 DIE TOSKANA UND IHRE WEINE

Eine ganze Reihe von Brücken überspannt den Arno in Florenz. Den Ponte Vecchio säumten einst Fleischerläden, bis der Großherzog auf ihm nur noch Goldschmiede ihrem Handwerk nachgehen ließ. Im 16. Jahrhundert erbauten die Medici einen Verbindungsgang vom Palazzo Vecchio durch die Uffizien bis zum neuen Palazzo Pitti am Südufer des Flusses.

DAS ARNO-TAL: ZWISCHEN FLORENZ UND DEM MEER

*Vom Castello di Nipozzano, dem alten Kastell des Hauses Frescobaldi,
kann man den Blick nach Westen über die Hügel von Rufina bis Florenz und ins Arno-Tal schweifen lassen.
Die Rot- und Weißweine von Rufina stehen seit 600 Jahren in hohem Ansehen.*

Nicht ganz so extravagant, aber der rechte Ort, um einer der größten Weinpersönlichkeiten der Toskana Tribut zu zollen, ist die Cantinetta Antinori im Erdgeschoss des Antinori-Palasts nahe dem Bahnhof. Was einst als Wein-Snackbar begann, hat sich mittlerweile zu einem ausgezeichneten Restaurant ländlichen Stils gemausert, in dem die ganze bemerkenswerte Palette der Antinori-Weine in greifbarer Nähe liegt. Einen Kontrast dazu bildet das Buca Lapi gleich um die Ecke – ein Musterbeispiel jener großen Trattorien (oder Tavernen, um genau zu sein), die so erfolgreich in die große weite Welt und insbesondere nach Nordamerika exportiert wurden.

Eine Rundreise durch das Weinland um Florenz beginnt man am besten mit einer Fahrt flussaufwärts den Arno entlang. Man folgt dem Lungarno del Tempio und erreicht Pontassieve, wo der Sieve in den Arno mündet. Hier steht die Zentrale des bedeutenden Erzeugers Ruffino. Unter seinen weit verstreuten Weinbergen finden sich einige der besten Lagen des Chianti. Ruffino ist nicht zu verwechseln mit der Chianti-Zone Rufina in den Hügeln unmittelbar nördlich und östlich von Pontassieve. Auf ihren steilen Südhängen und extrem steinigen Böden – sandig, aber alkalisch – reifen langlebige Chianti-Weine heran, die viele für die besten Tropfen außerhalb der Classico-Zone halten. Wahrscheinlich schadet Rufina die Zuordnung zu Chianti sogar mehr, als sie ihr nützt. In Pomino nämlich pflanzte ein französischer Abkömmling der Albizi-Familie in 600 Metern Höhe am Waldrand als Erster in der Toskana Cabernet, Pinot noir und Chardonnay. Später fiel Pomino durch Heirat an die Frescobaldi, die mit Il Benefizio noch immer den bekanntesten Chardonnay der Toskana bereiten.

Hier oben ist es überraschend ländlich, ja sogar urwüchsig geblieben. Das Castello di Nipozzano von Frescobaldi ist das einzige sichtbare Gut von Rang, aber auch Selvapiana, die *fattoria* etwas weiter unterhalb, strebt nach Höherem. In den letzten Jahrhunderten muss in dieser dünn besiedelten Region der Ausblick nach Südwesten in Richtung des zwischen waldbewachsenen Hügeln versteckten Florenz relativ unver-

---

Die Toskaner lieben Pilze. Zu ihren berühmtesten Pilzspezialitäten zählen die porcini, *die auf vielerlei Arten zubereitet oder einfach roh gegessen werden. Pilzsucher werden im Herbst vor allem in den Tannenwäldern von Vallombrosa, den Apuanischen Alpen oberhalb von Lucca und den Hängen des Monte Amiata fündig.*

DAS ARNO-TAL: ZWISCHEN FLORENZ UND DEM MEER 41

ändert geblieben sein. Und noch weniger hat sich wohl im dichten, von glitzernden Wasserläufen durchzogenen Tannen- und Buchenwald von Vallombrosa unmittelbar südlich getan. Die im 11. Jahrhundert gegründete, im 17. Jahrhundert neu erbaute Abtei steht noch immer tief im Wald. Die Einsamkeit und das angenehm kühle Sommerklima lockten die reichen Florentiner Familien in die Gegend: Sie errichteten Villen – Piero Antinori kam hier zur Welt – oder residierten im mittlerweile geschlossenen Grand Hotel.

Wer von Rufina aus in nördlicher Richtung wandert, kommt bald nach Mugello in die Ländereien der Medici. In Vicchio wird man daran erinnert, dass Fra Angelico von hier stammt, während im winzigen Vespignano Giottos Geburtshaus steht. Über die etruskische Zitadelle von Fiesole mit ihrem beispiellosen Ausblick gelangt man schließlich wieder in die Kunstmetropole, die diese Burschen vom Land mit ihren Meisterwerken so vortrefflich zu schmücken wussten.

Ein kurzer Abstecher von Florenz aus in westlicher Richtung führt in die sanften Monte-Albano-Hügel. Die Städte Prato und Pistoia mit ihren eintönigen Vororten und dem vielen Verkehr wirken zunächst wenig einladend. Dennoch hat jede ein sehenswertes

Conte Ugo Contini Bonacossi und seine Familie leben und arbeiten in der Tenuta di Capezzana, einer einst für eine Medici-Tochter erbauten Villa in Carmignano in den Hügeln von Monte Albano. Von Capezzana stammt der erste toskanische Rote, der offiziell mit Cabernet Sauvignon verschnitten werden durfte.

historisches Zentrum, *centro storico*, vorzuweisen. In beiden Orten wirkten einst einige der bedeutendsten toskanischen Künstler. Die Textilhauptstadt Prato weist angeblich die größte Dichte an chinesischen Schneidern in ganz Europa auf. Pistoia wiederum konnte sich nur mit Mühe des Rufs als Stadt der blutigen Fehden entledigen. Das Wort «Pistole» soll sich übrigens von dem gefährlichen kleinen Dolch ableiten, den jeder Pistoiese unter seinem Mantel trug. Heute machen sich zahlreiche Baumschulen das Schwemmland im Tal des Ombrone zunutze, sodass man überall Zedern-, Zypressen- und Magnolienwäldchen findet.

Die alte Straße nach Pistoia verläuft an der Medici-Villa von Poggio a Caiano vorbei. Auf dem Weg gegenüber dem Tor gelangt man in den Barco Reale mit der auf einem Hügel gelegenen Villa Artimino und dem herausragenden Restaurant Da Delfina (von dessen Terrasse aus man einen großartigen Blick auf die Wege, Olivenhaine und Weinberge des Feudalhauses hat) sowie den von Rebhängen geprägten Tälern von Carmignano. Obwohl der Ort durch die Medici zu Ehren kam, ist er in der jüngeren Vergangenheit vor allem durch die Beigabe von Cabernet Sauvignon zur Chianti-üblichen Verschnittformel bekannt geworden. Im 19. Jahrhundert war die Tenuta di Capezzana eines von vielen Gütern der Barone Franchetti, ihres Zeichens Straßenbauer und Postmeister. Raimundo Franchetti ehelichte Louise de Rothschild, die dem Vernehmen nach Cabernet-Stecklinge aus dem Château Lafite nach Carmignano brachte. Die Grafen Contini Bonacossi, die das Gut im 19. Jahrhundert übernahmen, sorgten dafür, dass aus dem Capezzana ein außergewöhnlicher Wein wurde. Gemessen an Chianti-

Fortsetzung Seite 47 ☞

DAS ARNO-TAL: ZWISCHEN FLORENZ UND DEM MEER 43

Das in der traditionellen toskanischen Küche der Tenuta di Capezzana zubereitete Mittagessen ist eine Abfolge einfacher, aus ausgezeichneten Zutaten zusammengestellter Gerichte: Gemüse aus dem eigenen Garten, hausgemachte Nudeln, im eigenen Jagdrevier erlegtes Wild und selbstgepresstes Olivenöl. Die zum Teil noch aus den 1950er-Jahren stammenden, bewundernswert langlebigen Roten sind ein Beweis dafür, wie konsequent das Gut seiner Linie treu bleibt.

Eine Flasche besten toskanischen Olivenöls kostet noch mehr als die gleiche Menge Wein. Auf die Weinlese folgt im Winter die Olivenernte. Dabei werden Netze unter den Bäumen aufgespannt, die die Oliven auffangen. Das Öl aus Lucca fällt süß und mild aus, während sein Pendant aus dem Chianti im Allgemeinen kräftiger schmeckt. Die hochwertigsten Erzeugnisse kommen als extra vergine in den Handel, doch wie beim Wein orientiert man sich am besten am Namen des Herstellers.

DAS ARNO-TAL: ZWISCHEN FLORENZ UND DEM MEER 45

Standards zeichnet er sich durch Geschmackstiefe und ein gutes Verhältnis von Preis und Leistung aus. Die beiden anderen *fattorie*, die die Tradition hochhalten, sind Ambra und Il Poggiolo. Technisch gesehen ist das Anbaugebiet eine Chianti-Unterzone mit der Bezeichnung Chianti Monte Albano.

Das Klima hier auf nur 200 Metern Höhe ist mild. Es wird geprägt von den Meeresbrisen aus dem Westen und den kühlen Nachtwinden von den nahe gelegenen Appeninen. Carmignano ist nach Osten hin Florenz zugewandt. Hinter den Hügeln im Westen befindet sich Leonardos Geburtsort Vinci. Dort steht eine ehrgeizige genossenschaftliche *cantina*. Leonardos eigener geliebter Weinberg allerdings liegt in Mailand.

Der Horizont nordwestlich von Vinci wird von den imposanten Apuanischen Alpen dominiert, deren wei-

ße Felsgipfel fast 2000 Meter in den Himmel ragen. An ihren Ausläufern sprudeln berühmte Heilquellen. Montecatini Terme ist mit über 500 Hotels das prachtvollste Heilbad Italiens. In den westlich davon gelegenen Colline Lucchesi hingegen scheint die Zeit in den letzten Jahrhunderten nur sehr gemächlich vorangeschritten zu sein. Die Hügel erstrecken sich von Lucca bis fast zur Küste bei Viareggio.

Wein spielt hier keine Hauptrolle. Die einzige DOC von Rang heißt Montecarlo; sie liegt auf halbem Weg zwischen Montecatini Terme und Lucca. Die planlos verstreuten Weinberge fügen sich wie überall in dieser Gegend in die von unzähligen Villen durchsetzte Landschaft ein. Montecarlo ist schon lange für seinen Weißwein bekannt, ein Verschnitt, bei dem die Monotonie der Trebbiano mit Sauvignon und anderen Reb-

Während der Renaissance wurde Lucca auf römischen Fundamenten neu erbaut.
Seither ist die Stadt fast unverändert geblieben und gilt heute als eines der schönsten Kleinode der Toskana.
Sie liegt in einer Ebene, von der man eine atemberaubende Sicht auf die Apuanischen Alpen hat.

sorten durchbrochen wird. Der mit Abstand beste Erzeuger ist die Fattoria del Buonamico. Neben ihr experimentieren auch Del Teso, Carmignani und Montechiari mit französischen Trauben. Heute verlässt mehr Roter als Weißer die DOC; Cabernet, Merlot und sogar Syrah werden mit Erfolg kultiviert. Beachtung indes verdienen vor allem die Weißen von Montecarlo: Was in den Restaurants von Lucca ins Glas kommt, hat mehr Klasse als die meisten Tropfen gleicher Couleur in anderen toskanischen Städten.

Überhaupt ist Lucca ein gesegneter Ort. Die Stadt frisst sich nicht gierig in die Umgebung und thront auch nicht als einsame Festung auf einem Hügel. Vielmehr schmiegt sie sich von großartigen Wällen umgeben in ein fruchtbares Tal. Ihre Straßen lassen noch das römische Lager erkennen, das Lucca vor 20 Jahrhunderten war. Der Spaziergänger auf dem drei Kilometer langen Rundweg entlang der breiten, von mächtigen Platanen beschatteten Mauern blickt zur einen Seite auf die Stadt mit ihren Gärten und zur anderen auf die imposante Bergkette der Apuanischen Alpen. In allen Epochen haben Touristen an diesem Ort verweilt und sich darü-

Vallombrosas feuchte, kühle Kastanien- und Buchenwälder bilden einen Kontrast zu den Chianti-Hügeln südlich des Arno. Lange Zeit waren die Esskastanien dem Menschen in harten und den Tieren in üppigen Jahren Nahrung.

ber gewundert, wie die vielen Fehden, Kriege und Wirren, die andere Städte beutelten, Lucca unberührt lassen konnten. Luxus ist hier allgegenwärtig: Seide machte den Ort reich, während heute den vielen Juweliersläden nach zu urteilen das Goldschmiedehandwerk für Wohlstand sorgt.

Die Gastfreundlichkeit der Stadt wurde viel gerühmt. So beschrieb Montaigne den Weinmarkt, auf dem «man Tag für Tag den Fremden Fläschchen mit Kostproben reicht. Nur sehr wenige sind gut. Die Weißen fallen leicht, scharf und rau, die Roten grobschlächtig aus.» Dennoch hatte Montecarlo schon damals einen Namen. Wer das wohltuende Wasser genießen wollte, musste sich über gewundene Pfade nach Bagni de Lucca in den Bergen nördlich der Stadt begeben. Dieses winzige Heilbad kauerte in einem schmalen, von einem Wildbach durchzogenen Tal. Kaum zu glauben, dass sich viele herausragende Persönlichkeiten auf den Weg hierher machten und manchmal sogar Monate blieben, darunter auch Lord Byron.

DAS ARNO-TAL: ZWISCHEN FLORENZ UND DEM MEER 51

Südlich von Florenz: das Chianti

Chiantigiana heißt die alte Straße, die an der Porta Romana im Süden
von Florenz beginnt und sich bis in die Hügel vor Siena windet. Auf ihr begegnet
man einer Landschaft ohnegleichen: Zwischen Reben, Oliven und Zypressen stehen
Burgen und Villen vor einer Kulisse aus wilden Eichenwäldern.
Hier liegt das Chianti – ein Landstrich, der nie völlig gezähmt wurde.

SÜDLICH VON FLORENZ: DAS CHIANTI 53

DIE TOSKANA UND IHRE WEINE

Zwei alte Straßen ziehen sich von Florenz aus nach Süden. Die Via Cassia beginnt an der Porta Romana, von wo aus man auf Henry James' Spuren durch Olivenhaine zu einer Renaissance-Villa über der Stadt flanieren kann. Den atemberaubendsten Blick über Florenz bietet nach wie vor der Torre di Bellosguardo. Hier liegen dem Besucher der Palazzo Pitti mit den angrenzenden Boboli-Gärten und der Arno mit dem Ponte Vecchio zu Füßen, während jenseits des Flusses der Turm des Palazzo Vecchio und Giottos Campanile neben der roten Kuppel des Doms sowie der weißen des Baptisteriums aus dem Häusermeer aufragen. Die gesamte Szenerie wird den ganzen Tag von der Sonne ausgeleuchtet, die über der rechten Schulter emporsteigt und über der linken dem Horizont entgegensinkt.

Die Via Cassia passiert den enormen Komplex der Certosa di Galluzzo, eines Karthäuserklosters aus dem 14. Jahrhundert vor der Stadt. Kurz darauf wird die gewundene Straße von der neuen Rennstrecke nach Siena abgelöst, dem Raccordo, auf dem es einem kaum in den Sinn kommt, nach links oder rechts zu sehen.

Der Raccordo bildet in etwa die westliche Grenze des Chianti Classico. Auf der Weinkarte liegen unmittelbar hinter Florenz am südlichen Rand der Colli Fiorentini Dörfer wie Impruneta, das Terracotta-Zentrum schlechthin und ein echtes Juwel. Aus Impruneta wurde Florenz traditionell mit Weinen versorgt. Auch die ersten Ortschaften an der Via Cassia in Richtung Süden sind noch dem Anbaugebiet Colli Fiorentini zugeordnet, mit Ausnahme von San Casciano in Val di Pesa, wo sich einst die im Zweiten Weltkrieg zerstörte Villa Antinori befand. Die Hauptkeller der Familie stehen noch immer hier. Im nahe gelegenen Sant' Andrea in Percussina verfasste Niccolò Machiavelli im Exil seine Schrift über Staatsführung, *Der Fürst*. Machiavellis Nachfahren, die Serristori, halten die Erinnerung an ihn mit dem Ser Niccolò Cabernet und dem Il Principe Pinot noir wach (auch der Schriftsteller selbst hätte keine Skrupel gehabt, Wein aus nichtitalienischen Sorten zu keltern). Und in Montespertoli bereitet die noch ältere Familie Guicciardini auf ihrem Gut Castello di Poppiano nach wie vor einen bewundernswerten Chianti Colli Fiorentini.

Fortsetzung Seite 59 🖝

SÜDLICH VON FLORENZ: DAS CHIANTI

Die Töpferei gehört zu den ältesten Zünften in Florenz und Umgebung. Das Dorf Impruneto ist ein liebenswerter Flecken, in dem man aus Tausenden von Ölkrügen und Zitronentöpfen sowie Steingut aller Art auswählen kann.

SÜDLICH VON FLORENZ: DAS CHIANTI 59

Die interessantere Weinstraße indes ist die Via Chiantigiana, die in Richtung Südosten aus der Stadt herausführt und sich durch das Herz des Chianti – die eigentliche, heute Chianti Classico genannte Zone – nach Siena schlängelt. Das Land hat man aber nicht allein dem Weinbau vorbehalten, das wäre nicht die toskanische Art. Das Gros der unzähligen Hügel ist von Eichenwäldern bedeckt, die oft auch die Straßen säumen. Dazwischen wechseln sich Olivenhaine und Weinberge ab. Diese von hohen Betonpfosten gesäumten Flächen werden heute immer intensiver bewirtschaftet. Verschwunden sind die an Ulmen und Pappeln hoch-

Die Toskana ist schon lange kein Land mehr, in dem sich die Reben an Ulmen hochranken und der Weizen zwischen Olivenbäumen gedeiht. In den 1970er-Jahren sorgten Neupflanzungen mit regelmäßigen Rebstock- und Olivenbaumreihen für ein ungewohntes Bild. Oft wurden sie überhastet angelegt: Man setzte schlechte Stecklinge in zu weiten Abständen, was der Überproduktion Tür und Tor öffnete. Heute geht man bei Neuanlagen umsichtiger vor, und auch die Landschaft hat die geometrische Gleichförmigkeit in den Weinbergen gut absorbiert, ohne viel von ihrer betörenden Schönheit einzubüßen.

gezogenen Reben, deren wildromantischer Anblick so manchen Besucher betörte, aber auch die Lilien, das Getreide und der Kohl unter den Olivenbäumen. Doch immer noch prägt der Mensch in der größtenteils wilden Landschaft das Aussehen des Chianti. Auf den Hügeln und Kämmen künden Reihen schwarzer Zypressen Burgen, Villen und Dörfer an.

Der moderne Chianti-Wein insbesondere von den Spitzenproduzenten lässt sich nur schwer charakterisieren. Die führenden Güter haben schon lange die ausgelaugte Formel über Bord geworfen, wonach weiße Rebsorten in die Verschnitte gehören, was den Weinen vor allem Säure verlieh. Herb aber sind die Erzeugnisse geblieben: Die auf schweren Kalkböden in den großen Höhenlagen des Chianti herangezogene Sangiovese sorgt nach wie vor für reichlich Säure und die vertrauten Tannine, die die Zunge pelzig werden lassen. Manche Winzer sind davon überzeugt, dass reinsortigen Sangiovese-Weinen die Zukunft gehört. Sie haben ertragarme Klone gepflanzt und lassen sie zu fülliger Reife gelangen. Andere setzen mit Cabernet oder Merlot

Die Renaissance-Villa Vignamaggio gehört zu den schönsten, frühesten und formalsten Bauten ihrer Art im Chianti. Lisa del Giocondo, der Nachwelt als Mona Lisa ein Begriff, erblickte hier 1479 das Licht der Welt.

elegante Akzente und stellen den Auslandsmarkt mit einem Ausbau in französischer Eiche zufrieden. Gerade die lang gereiften und teuren Riserve werden gern dieser Behandlung unterzogen. Doch oftmals ist man mit einem einfachen jungen Jahrgang aus einem renommierten Haus ebenso gut bedient – jenem warmen, lebendigen Wein mit dem sanften Kratzen auf der Zunge, der für die Toskana steht.

Das Straßendorf Strada markiert die nördliche Grenze der Classico-Zone. Hier beginnt der Weg anzusteigen. Er führt durch wildes Waldland in Höhen, auf denen die Rundsicht großartig ist und Dörfer in der Ferne als dunstverhangene Silhouette erscheinen, um dann wieder zwischen burggekrönten Hügeln mit Vicchiomaggio zur Rechten und Uzzano zur Linken in das Tal des Flusses Greve abzutauchen. Dort trifft man

SÜDLICH VON FLORENZ: DAS CHIANTI

Die arkadengesäumte Piazza von Greve in Chianti diente jahrhundertelang als Marktplatz für den Verkauf von Chianti-Weinen an der Straße nach Florenz. Der berühmteste Sohn der Stadt ist Giovanni da Verrazzano, der den bei New York ins Meer mündenden Hudson River erkundete. Ihm ist eine Bronzestatue auf der Piazza gewidmet.

Weit über die Toskana hinaus bekannt ist die Antica Macelleria *der Familie Falorni unter den Arkaden von Greve. Von hier stammen einige der besten italienischen* prosciutti *und* salumi *(dies die allgemeine Bezeichnung für Wurst).*

unter Pappeln auf das Städtchen Greve in Chianti mit dem berühmten arkadengesäumten, trichterförmigen Marktplatz, auf dem während der Renaissance die Florentiner Weinhändler ihren Chianti aus dem Hinterland erstanden. In den Hügeln weiter südlich versteckt sich die stattliche Villa Vignamaggio, von wo im 13. Jahrhundert der Kaufmann aus Prato seinen weißen Chianti bezog – und wo Mona Lisa geboren wurde.

Die besten Weine aus Greve – und das sind nicht wenige – stammen von den Schlossgütern Vicchiomaggio und Querceto, von Verrazzano (dem Erkunder des Hudson ist auf dem Marktplatz von Greve eine Statue gewidmet) und Ruggero sowie den *fattorie* von Nozzole (im Besitz der Familie Ruffino), La Querciabella, Carpineto, Vecchie Terre di Montefili und Vignamaggio. Sie liegen weit verstreut, pflanzen ihre Reben auf unterschiedlichem Untergrund und haben auch sonst wenig Gemeinsamkeiten; das Klima ist jedoch geringfügig kühler und der Boden etwas leichter als weiter südlich. Weine aus dem nördlichen Chianti standen einst im Ruf, nicht so kräftig und langlebig zu sein, dabei aber einen

angenehmen Veilchen- oder Iriswurzelduft zu entfalten. Solcherlei Erfahrungen aus der Vergangenheit haben im Zeitalter des Experimentierens nur noch wenig Wert, denn viele Erzeuger legen auf neue Kreationen ebenso viel Gewicht wie auf traditionelle Weine. Das Bordelais oder die Rhône kommen einem dabei in den Sinn.

Für eine genauere Erkundung des Chianti muss man die Hauptverkehrsadern verlassen und auf die schmalen, meist ungeteerten Wege, die *strade bianche*, ausweichen. Selbst wenn manche mittlerweile befestigt sind, wäre es tollkühn, die erlaubte Höchstgeschwindigkeit von 30 km/h voll auszuschöpfen. Man fährt auf ihnen an großartigen Silberoliven vorbei, gelangt in Alleen aus schwarzen Zypressen und Kiefern oder muss Kurven über unbefestigtem Abgrund durchfahren, wobei man immer wieder zu einem kurzen Blick auf einen Weinberg oder das nächste Bergdorf verleitet beziehungsweise vor jeder Biegung von einem in der Straßenmitte daherfliegenden Fiat aufs Korn genommen wird.

Schmale Straßen führen von Greve aus nach Westen zur Abtei Badia a Passignano, einem Komplex groß wie ein Dorf, aufragend und bewehrt wie eine Festung. Sie war eines von mehreren großen Klöstern der Vallombrosaner. Die Antinori-Familie, deren Gut Santa Cristina ganz in der Nähe liegt, pachtete Passignano in den 1980er-Jahren, als noch eine Hand voll Mönche in den Gemäuern wohnte, restaurierte die riesigen Fasskeller und erzeugt hier seither klassischen Chianti. In Santa Cristina schrieben die Antinori in den 1970ern Weingeschichte, als sie die ausgetretenen Chianti-Pfade verließen und die modernen toskanischen Klassiker Tignanello und Solaia schufen.

Auf der Chiantignana in Richtung Süden kommt man zu einem günstig gelegenen Stützpunkt: Das Dorf Panzano liegt auf einer Anhöhe mit Blick auf ein Tal aus silberbraunen, beackerten Olivenhainen und grünen Weinbergen. Auf dem Hang gegenüber befinden sich die ausgezeichneten Güter von Fontodi, einem unter anderem mit Syrah zu Ruhm gelangten Erzeuger, und das Castello dei Rampolla, wo man auf Cabernet setzt. Westlich von Panzano stößt man auf eines der angesehensten und schönsten Güter von Chianti in den beiden ehemals

verlassenen Weilern Isole und Olena. Auch hier liegen Syrah und Sangiovese miteinander im Wettstreit.

Biegt man gleich hinter Greve links ab und folgt dem Flüsschen bis zur Quelle, an Vignamaggio vorbei, erreicht man eine weitere historische Ortschaft, den Flecken Lamole. Seine Weine ernten zwar keine Lorbeeren mehr, doch die idyllische Ansiedlung mit ihren Steinhäusern, Reben und steilen, waldbewachsenen Hängen ist das Chianti-Dorf schlechthin. Von hier aus zieht sich die immer holpriger werdende Straße in waghalsigen Windungen durch Eichenwälder über den Monte Querciabella und dann hinunter zum schlichten Örtchen Volpaia, dem höchsten Außenposten der Gemeinde Radda. Hier versteckt sich in den Häusern eines durch und durch mittelalterlichen Dorfs die Kellerei Castello di Volpaia. Der Wein von den 600 Meter hoch gelegenen Rebhängen ist eher wegen seiner Finesse als seiner Fülle berühmt. Manche entdecken in seinem Aroma und seiner Festigkeit das Wesen des Chianti.

Radda liegt im Herzen der Region. Das Städtchen wird im Westen von Castellina und im Osten von Gaiole

Die traditionellen toskanischen Fässer waren für den jahrelangen Ausbau von Weinen gedacht und sind aufgrund ihrer Größe nicht transportfähig. Heute kommen immer öfter die kleineren, handlicheren Bordeaux-Barriques zum Einsatz. Sie werden aus der aromatischen französischen Eiche gemacht, was sich auch im Charakter der Weine niederschlägt.

68 DIE TOSKANA UND IHRE WEINE

*Badia a Passignano ist eine Niederlassung der 1049 gegründeten Abtei von Vallombrosa im Chianti.
Sie gehört heute zum Haus Antinori und wird als Besucherzentrum genutzt.*

flankiert. Das Trio sicherte einst als Lega del Chianti die Grenzen von Florenz gegen Siena. Unmittelbar nördlich und südlich der auf einer Anhöhe gelegenen Dörfer findet man die größte Dichte von Chianti-Weingütern. Der historisch bedeutsamste Ort dürfte wohl Gaiole sein; er ist schon seit dem 12. Jahrhundert als Heimat der Ricasoli-Familie beurkundet. Der asketische Baron Bettino Ricasoli war der erste Premierminister des vereinten Italien, dessen Hauptstadt sogar kurzzeitig Florenz hieß. In den 40er-Jahren des 19. Jahrhunderts feilte der Baron in Brolio an einer Formel für den Chianti.

Unter den Landbesitzern, die ihre unrentablen Güter zu reformieren versuchten, war Ricasoli sicherlich der entschlossenste, zumindest bevor er dem Ruf der großen Politik folgte. Er ließ die im sienesischen Stil

SÜDLICH VON FLORENZ: DAS CHIANTI

erbaute, düster wirkende Backsteinburg von Brolio auf Festungsmauern aus dem 15. Jahrhundert neu errichten und bereiste Frankreich und Deutschland, um die dortigen Weine zu studieren. Statt aber neue Rebsorten einzuführen, entschied sich der stolze Toskaner nach langen Experimenten für die drei besten Trauben der Region. «Chianti-Wein», so schrieb er, «verdankt sein Bukett (wonach ich strebe) größtenteils der Sangioveto; die Canaiolo verleiht ihm eine Süße, die die Rauheit der Ersteren im Zaum hält ... während Malvasia ... den Wein leichter und für den Alltagsgebrauch bei Tisch geeigneter macht.» Sangiovese ist in der Tat herb und wird durch Canaiolo (oder auch Cabernet) runder. Doch die Beigabe von (weißem) Malvasia für Alltagsweine diente vor allem als Rechtfertigung, um den Chianti auch gleich noch mit der minderwertigen Trebbiano zu strecken.

Über 100 Jahre lang standen die Namen Ricasoli und Brolio als Synonyme für besten Chianti. Gleichwohl war es ein trauriges Jahrhundert für die Toskana: Armut und Rebkrankheiten vertrieben damals zahllose *contadini* aus ihrer Heimat. Das Brolio-Gut schmückte

72 DIE TOSKANA UND IHRE WEINE

300 kleine Höfe mit vernachlässigten Weinstöcken und verfallenden Häusern.

Heute befindet sich Brolio mit dem Baron Francesco Ricasoli an der Spitze wieder im Aufwind. Die Region floriert wie nie: In der Chianti-Bestenliste finden sich allein sechs Güter aus Gaiole. Dazu zählen die wunderschöne, im Wald gelegene Vallombrosaner Abtei von Badia a Coltibuono, deren Weinberge bei Monti liegen, der weitaus wärmeren Region südlich von Gaiole; das dynamische moderne Castello di Ama; das kleine, 1971 von einem trotz der damals noch darbenden Weinindustrie zuversichtlichen Engländer gegründete Riecine und die einzige Winzergenossenschaft von Rang, Chianti Geografico.

Gleich südlich hinter Brolio endet Gaiole und beginnt die Gemarkung Castelnuovo Berardenga, die südwestlichste Ecke der Classico-Zone. Sie grenzt an Siena und das Schlachtfeld von Montaperti, auf dem Siena 1260 das anrückende Florentiner Heer schlug. Die beiden herausragenden Güter in Castelnuovo sind die Fattoria di Felsina, deren Sangiovese mit noch mehr Lob überhäuft wird als ihr Chianti Classico, und das

blumengeschmückte San Felice, ein malerischer, vollständig restaurierter, in eine *cantina* und ein Feriendorf umgewandelter Flecken. Die Landschaft fällt weicher und nicht ganz so wild aus wie um Radda und Panzano, und selbst die Straßen scheinen sich etwas weniger zu schlängeln. Hier beginnt die Provinz Siena, Italiens weinreichste Gegend (mit Ausnahme von Alba und den Langhe-Hügeln im Piemont vielleicht).

Burgen und *fattorie* liegen in dem Landstrich nördlich von Siena dicht gesät. Castellina bildet das Zentrum der Zone. Die von einem riesigen Betonsilo dominierte Stadt thront wie viele andere Orte der Region auf einem Hügel. Die berühmtesten Güter sind Fonterutoli im Besitz der Familie Mazzei, an der Chiantigiana Richtung Süden gelegen, das malerische Castello di Lilliano ganz in der Nähe sowie Bibbiano, Castellare, Villa Cerna, Nittardi, Rocca delle Macie und San Fabiano. Unter den Spitzenerzeugern in der südwestlichen Ecke der Classico-Zone, in Sichtweite der Mauern von Siena, finden sich einige der zielstrebigsten Produzenten der ganzen Toskana.

Fortsetzung Seite 78 🖝

Vom Castello di Brolio blickt man nach Süden über das Tal der Arbia bis nach Siena.
Die Burg war einst eine Festung der Lega del Chianti, die im 13. Jahrhundert die Grenze von Florenz sicherte.

DIE TOSKANA UND IHRE WEINE

Francesco Ricasoli ist für die Renaissance der Weine von Brolio verantwortlich. Das imposanteste Kastell im Chianti befindet sich seit 950 Jahren in Familienbesitz. Es wurde im 19. Jahrhundert auf den Mauern der von Sangallo vier Jahrhunderte zuvor errichteten ersten Steinfestung Italiens erbaut. Die Zeit gewinnt hier eine ganz andere Bedeutung.

SÜDLICH VON FLORENZ: DAS CHIANTI

In Brolio schlug die Geburtsstunde des modernen Chianti-Weins. In den nüchternen oberen Räumen lebte und arbeitete der Baron Bettino Ricasoli. Hier ersann er in den 40er-Jahren des 19. Jahrhunderts eine Formel für die Weine der Region. Während des Risorgimento fand sich der asketische Aristokrat an der Spitze der Toskana wieder und wurde 1860 sogar erster Premierminister eines vereinten Italien.

Jenseits des Val d'Elsa im Westen liegt San Gimignano. Warum bloß gewinnt hier plötzlich Weißwein die Oberhand? Nur weil statt Ton Sandstein vorherrscht? Nun, Tradition spielte im Weinbau von jeher eine Schlüsselrolle, und San Gimignano keltert seinen gelben Vernaccia eben schon seit Urzeiten. Zumindest war er früher einmal gelb. Die einheimische Vernaccia aber ist nur unwesentlich interessanter als Trebbiano. Ihr historischer Ruf gründete sich auf relativ schwere, fast sherryähnliche Tropfen, die in Fässern dahinoxidierten – wie so viele italienische Weiße vor dem Siegeszug wässrig-bleicher, knochentrockener Weine ohne eine Spur Frucht und Entwicklungsfähigkeit.

Die neue Welle verschonte auch San Gimignano nicht und hätte beinahe zum Untergang der Vernaccia geführt, wäre da nicht die Stadt der Türme gewesen, von deren Ruhm die Traube profitierte. Denn ein solch mittelalterliches Juwel zieht Touristen in Scharen an.

Badia a Coltibuono war eine weitere Niederlassung des Vallombrosaner Ordens.
Die von Napoleon säkularisierte Abtei ist heute ein privates Weingut von verführerischem Charme, mit einem ummauerten,
formal-strengen Garten und eindrucksvollen Kellern, in denen alte Jahrgänge schlummern.

Von den einst 70 befestigten Türmen, die ein imposanter Anblick gewesen sein müssen, ist nur noch ein gutes Dutzend erhalten. Im 12. Jahrhundert hatte man zunächst die Stadtmauern errichtet und dann die Türme hochgezogen. Warum die Bürger in die Höhe bauten, statt die Stadtgrenzen auszuweiten, ist nicht ganz klar. Gab es damals wirklich so viele stolze und gefährliche Rivalen an einem einzigen Ort? San Gimignano florierte dank des Anbaus von Krokussen, aus denen Safran als Gewürz und Färbemittel gewonnen wurde. Vor kurzem lebte dieser Wirtschaftszweig wieder auf, sodass man sich in der Stadt heute wieder mit Safran eindecken kann. Die Türme sollen übrigens früher einmal auch als Lagerhäuser für die langen Stoffbahnen aus kostbarem gelbem Tuch gedient haben. Womit das Rätsel der vielen Türme aber noch nicht gelöst ist.

Der Vernaccia wurde an den modernen Geschmack angepasst – zu oft allerdings hat man ihn in ein Gewand aus neuer Eiche gesteckt. Teruzzi e Puthod ist ein Modernisierer, Montenidoli ein Traditionalist, und die Fattoria di Cusona des Fürsten Strozzi vertritt beide Richtungen. Selbst in San Gimignano aber machen die Rotweine Boden gut.

SÜDLICH VON FLORENZ: DAS CHIANTI 81

*Das Dorf San Felice wird von einer Spitzenkellerei und einem Ferienhotel in Beschlag genommen.
Statt toskanischer Nüchternheit begegnet man hier mit Blumen geschmückten Häusern und Balkonen,
und die Straßen sind mit Touristen bevölkert.*

Die 13 verbliebenen Türme von San Gimignano – einst waren es 70 – gehören zu den eindringlichsten Reminiszenzen an die fehdenreiche toskanische Vergangenheit. Der weiße Vernaccia der Stadt ist in den letzten Jahren wieder zu einigem Ansehen gelangt. Die meisten Winzer aber sind mindestens ebenso an der Bereitung von Rotweinen interessiert.

Die seltsame Festung Monteriggioni zieht die Blicke des Autofahrers auf dem Raccordo von Florenz nach Siena auf sich. Seltsam, weil man innerhalb der mächtigen Mauern lediglich ein bescheidenes Dörfchen mit ebenso vielen Gemüsegärten wie Häuschen vorfindet. Als Belohnung für den Aufstieg erwartet den Besucher ein gutes Restaurant.

Siena und der Süden

Siena ist das Tor des Chianti zu einer anderen Weinwelt: Hier dominiert
ausgedehntes, kahles Hochland, während in tieferen Lagen Weizenfelder und
Weiden vorherrschen. Mit Ausnahme der Städte auf den Bergkuppen ist das Land
nur dünn besiedelt. Wie zwei Wachtürme überragen Montalcino und
Montepulciano das weitläufige Val d'Orcia.

SIENA UND DER SÜDEN   87

Siena ist die wohl mittelalterlichste Stadt Europas. Ihre Gebäude aus braunem Backstein sind kompromisslos gotisch. Sie erhielt lange vor Florenz ihr charakteristisches Aussehen und ließ ihre besten Jahre hinter sich, noch bevor ihr die Renaissance ihren Stempel aufdrücken konnte. Die schmalen Straßen zwischen den sechsstöckigen Palästen wirken wie Reliquien aus einer anderen Zeit.

Während seiner Blüte zu Beginn des 14. Jahrhunderts war Siena eine bedeutendere Finanzmetropole als Florenz. Monte dei Paschi etwa ist das älteste Bankhaus der Welt. Sein Name beschwört Bilder von Hügeln mit weidenden Schafherden herauf; doch stand das «Monte» vor allem für die Goldberge im Zählhaus. Im Palazzo Pubblico vermittelt das Fresco *Allegorie der guten Regierung* von Ambrogio Lorenzetti ein anschauliches Bild vom Intermezzo einer aufgeklärten Republik, bevor der Schwarze Tod die Bevölkerung dahinraffte. Der Palazzo selbst scheint mit seiner vollendeten Gliederung und seinem Turm, der weit eleganter als sein Pendant in Florenz aufragt, für einen seltenen Augenblick der Harmonie zwischen Jahrhunderten der Selbstzerstörung zu stehen.

Kaum zu glauben, dass der Campo, der Hauptplatz, wie der Turm vor fast 700 Jahren entstand. Sein Backsteinpflaster ist als neunteiliger Fächer gegliedert; er symbolisiert den Rat der Neun, die beste Regierung, die die Stadt je hatte. Ein Besucher im 16. Jahrhundert berichtete, dass vor dem Palazzo Pubblico täglich die Messe gelesen wurde, während die Bürger ihre Einkäufe erledigten und sich rundum in den Tavernen unterhielten. Nur gelegentlich mahnte ein Trompetenstoß sie vor besonders feierlichen Momenten zum Schweigen. Berühmt geworden ist der Campo natürlich vor allem wegen des Pferderennens, das im Sommer hier stattfindet, des so genannten *palio*. Seit Jahrhunderten messen sich darin die *contrade*, die einzelnen Stadtteile Sienas, 17 an der Zahl.

Siena ist die Weinhauptstadt der Toskana. Obwohl in den schmucklosen Straßen wenig darauf hindeutet, gehört zur gleichnamigen Provinz neben Montalcino und Montepulciano auch der produktivste Teil des

Der Torre del Mangia überragt den Palazzo Pubblico in Siena. Er gewährt einen Blick auf die Piazza del Campo und weit hinein in die Landschaft vor den Toren der Stadt. Selbst von den Chianti-Hügeln aus kann man ihn noch deutlich erkennen.

90 DIE TOSKANA UND IHRE WEINE

Chianti Classico. Das Weißweinzentrum heißt San Gimignano.

Dem Wein Sienas wird in der mächtigen Medici-Festung aus rohem Backstein gehuldigt, die als Italiens bestbestückte *enoteca* einen Besuch wert ist. Ob eine Verkostung der Chianti-Tropfen in den Gewölben die Unterscheidung der Weine aus allen sieben Unterzonen erleichtert, sei dahingestellt. Bei einer Probe fiel der Chianti Colline Pisane, Pisas Beitrag zur Weinkultur, blass und leicht aus. Ein Vertreter des Colli Senesi kam fruchtig, aber trocken daher. Der Chianti Colli Aretini aus Arezzo trat weniger rau auf und überzeugte durch ausgewogene Frucht und Länge. Rund und süß mit balsamischen Anklängen dagegen zeigte sich der Colli Montalbani, während der reife, warme und tanninschwere Colli Fiorentini einen Kastaniengeschmack auf der Zunge hinterließ. Ein reifer Chianti Classico mit cremiger Struktur wiederum gab sich blütenduftig mit einem Hauch von Tabak und mündete in den vertrauten tanninreichen Abgang. Es versteht sich von selbst, dass vom Erzeuger und Jahrgang mindestens so viel abhängt wie von der Zone.

Südlich von Siena wird alles anders. Man hat die Gegend zwar der Einheits-Appellation Chianti Colli Senesi zugeordnet, doch die Landschaft lässt sich nicht mit anderen Bereichen derselben Zone vergleichen. Die malerische Chianti-Mischung aus Olivenbäumen, Weinbergen und Wäldern geht nun über in weitläufiges Weide- und Ackerland. Schafherden ziehen mit Glockengeläut zwischen einsamen Höfen umher.

Im Südosten ist die Landschaft plötzlich von bösen Narben aus weißem Stein durchsetzt. Montaigne berichtete von einer «Ebene, die von schrecklichen Furchen zerrissen wird». Die Bodenerosion hat den Kalk offen gelegt und die charakteristischen *crete* entstehen lassen.

In dieser weitläufigen Landschaft steht weithin sichtbar die Abtei Monte Oliveto Maggiore aus dem 14. Jahrhundert. Hinter schwarzen Zypressen und rosafarbenem Backstein verbergen sich Meisterwerke der sienesischen Freskenmalerei, geschaffen von Signorelli und Sodoma. An der Via Cassia nach Rom kauern die niedrigen Ziegelbauten des bäuerlich geprägten Städtchens Buonconvento. Der unscheinbare Ort stammt

wie die Abtei aus dem 14. Jahrhundert – und seit dem Mittelalter scheint sich hier auch wenig getan zu haben.

Blickt man von Buonconvento aus nach Süden, sieht man eine Hügelkette auf ihre höchste Erhebung Montalcino zustreben. Und im Dunst dahinter erkennt man den noch weiter aufragenden, wolkenumhüllten Gipfel des Monte Amiata. Er bleibt ein ständiger Begleiter auf dem Weg von Cortona zur Küste.

Montalcino ist eine natürliche Festung. In sie zogen sich die bezwungenen Sieneser zurück, als ihre Stadt von Kaiser Karl V. eingenommen worden war. Mancher Besucher hat sie mit Saint-Émilion verglichen: Und in der Tat erinnern zumindest ihre Größe, die steilen Straßen und das Wirrwarr aus Ziegeldächern an den französischen Weinort. Plötzlich befindet man sich wieder in einer Weingegend, mehr noch, in einem vom Weinboom geprägten Land. Restaurants und *enoteche* offerieren einer internationalen Klientel Flaschen zu horrenden Preisen. Der Brunello di Montalcino lief dem Chianti in den letzten Jahren des ausgehenden 20. Jahrhunderts den Rang ab und schuf sich sogar eine eigene Supertoskaner-Kategorie.

In der südlichen Ecke des Chianti herrscht ein wärmeres Klima als in den eigentlichen Chianti-Hügeln. Die

Weinberge an den steilen, eine Art Pyramide bildenden Hängen von Montalcino unterscheiden sich nach Höhe und Lage. Die höchsten findet man auf 500 Metern, weshalb die Reben dort auch entsprechend später reifen. Die Stöcke weiter unten an der Straße nach Buonconvento bei Montosoli und insbesondere an den bis auf 150 Meter abfallenden Südhängen im breiten Val d'Orcia wiederum können früher gelesen werden, weil sie vom warmen Mikroklima profitieren. Denn von hier aus sind es kaum 50 Kilometer bis zum Meer, zudem ist der Monte Amiata ein wirkungsvoller Sturmableiter.

Diese verwöhnten Weinberge waren einst für die Moscadello bestimmt. Aus ihr kelterte man einen kräftigen süßen Muskatwein, der sogar im London des 18. Jahrhunderts einen guten Ruf genoss und bis ins 20. Jahrhundert hinein von Bedeutung blieb. Der Rote der Gegend entstand aus dem Sangiovese-Klon Brunello. Er war körperreicher als ein Chianti, obwohl ihn die Winzer mit weißen Trauben strecken durften. Dieser Sangiovese barg die typischen kräftigen Tannine seiner Familie bei weitaus mehr Hang zu Fülle und Aroma.

Der große Förderer der Chianti-Zone war der Baron Ricasoli, der im 19. Jahrhundert sogar einmal den Posten des italienischen Premierministers bekleidete. Montalcino wiederum fand in dem 30 Jahre jüngeren Ferruccio Biondi-Santi einen Mentor. Biondi-Santi hatte zunächst als Freiwilliger unter Garibaldi gekämpft und war dann in seine Heimat zurückgekehrt, um das von seinem Großvater Clemente Santi gegründete Weingut fortzuführen. Auf dem Familienbesitz Il Greppo an der Ostflanke von Montalcino in 500 Metern Höhe experimentierte er mit selbst selektierten Klonen der Brunello. Er schnitt die Reben ganz kurz und las die Trauben in vollreifem Zustand, was damals noch kaum jemand tat.

Bis 1880 schuf er mit Unterstützung seines Sohnes Tancredi einen neuartigen Wein, der robust, aromatisch und vor allem langlebig war. Die Biondi-Santi stabilisierten ihn fünf Jahre lang in großen Fässern aus Balkaneiche und ließen ihn anschließend noch jahrzehntelang in der Flasche reifen. Beim Anpreisen seiner Qualitäten legte die Familie keine falsche Bescheidenheit an den Tag – und selbst wenn sie ihr Licht unter den

Fortsetzung Seite 99 🖝

Die Toskana ist eine Sinfonie, deren Takt die Zypressenbäume schlagen; in bewegten Passagen beschleunigt sich ihr Rhythmus. Die Allee zum Gut Il Greppo der Biondi-Santi ist ein dramatisches Furioso.

Von den südlichen Hügeln Montalcinos aus überblickt das Weingut Castello di Argiano das Val d'Orcia. Unten im Tal liegt die ultramoderne Kellerei Castello Banfi.

Scheffel gestellt hätte, wäre ihr Erzeugnis schon allein wegen seines Preises aufgefallen.

Il Greppo hat heute etwas von der ehrwürdigen Strenge eines der großen Châteaux in Bordeaux an sich. Man gelangt über eine dunkle Allee aus jahrhundertealten Zypressen auf das Gut. Tancredis Sohn Franco ist ein Gentleman der alten Schule. Beim Gespräch am runden Teich in der Gartenmitte weist er leise darauf hin, dass man auf einer von den vier Bergstädten Montalcino, San Quirico d'Orcia, Pienza und Montepulciano gebildeten Achse stehe. Dann legt er sich einen langen Umhang über, nimmt einen Stock und führt den Besucher in den Keller, wo die Kronjuwelen und das Adelszertifikat aufbewahrt werden: eine Hand voll Flaschen der Jahrgänge 1888 und 1891. Immer wenn eine dieser Preziosen entkorkt wird, schwören

Die breite Gestalt des Monte Amiata dominiert jeden Rundblick über das Val d'Orcia.
Im Sommer entladen sich oft Gewitter über seinem wolkenverhangenen Gipfel. Die Niederschläge sorgen in den Wäldern
für eine feucht-kühle Atmosphäre, die eine willkommene Abwechslung zur trockenen Hitze im Tal bietet.

100 DIE TOSKANA UND IHRE WEINE

die Verkoster Stein und Bein, dass der Nektar darin, so gebrechlich er mittlerweile ist, ein großer Wein sei. Nur wenige Weinregionen der Welt konnten ihren Ruf aufgrund solch spärlicher Beweise wahren. Zu nennen ist höchstens noch Constantia vom Kap. Im Gegensatz zum Tropfen aus dieser südafrikanischen Region aber war der Il Greppo immer erhältlich. Und selbst wenn in den 1960er-Jahren in ganz Montalcino gerade noch 80 Hektar mit Brunello bestockt waren, untermauerte das spärliche Angebot nur den hehren Anspruch der Biondi-Santi.

In den 1970er-Jahren begann man mit Neupflanzungen. Ende der 1980er waren bereits 1250 Hektar bestockt, heute sind es rund 1600. Zwei der Pioniere, die damals schon auf Brunello setzten, waren Nachbarn von Il Greppo – die Fattoria dei Barbi und Colle al Matrichese. Als aber größere Investoren in das Geschäft einstiegen, richteten sie ihr Augenmerk auf das südliche Val d'Orcia, das billigeres Land und günstigere Bedingun-

Fortsetzung Seite 105 ☞

Mehr als jedes andere Gut steht das Castello Banfi für das neue Gesicht der Toskana. Die riesige Kellerei wurde in den 1970er-Jahren von den Mariani-Brüdern aus New York gegründet. Ihre restaurierte Burg Poggio alle Mura ragt aus einer völlig neu gestalteten Weinlandschaft auf.

Die Abtei Sant'Antimo, in einem ruhigen Tal 10 Kilometer südlich von Montalcino gelegen und lange Zeit vernachlässigt, wird seit 1979 wieder von Mönchen aus der Normandie und Bretagne geführt.

gen zu bieten hatte: die Gegend jenseits des legendären Schmugglerpfads *passo di luce spente*, zu deutsch «Pass der erloschenen Lichter».

Der Wendepunkt kam, als Villa Banfi, Amerikas größter Importeur italienischer Weine, in den 1970er-Jahren um Sant' Angelo Scalo fast 3000 Hektar Anbaufläche kaufte. Damit zeigte das Unternehmen, wie viel Vertrauen es in seinen Önologen Ezio Rivella setzte, der wie Giacomo Tachis aus dem Piemont stammte. Rund 800 Hektar Feld und Buschland wurden mit Bulldozern völlig umgekrempelt und in effizient bewirtschaftbare Weinberge verwandelt. Im Tal entstand ein großes Weingut in kalifornischem Stil. Zudem wurde die mittelalterliche Burg Poggio alle Mura von Grund auf restauriert, festlich eingeweiht und in Castello Banfi umbenannt.

Überraschenderweise hatte Rivella dem Brunello zunächst nur eine untergeordnete Rolle zugedacht. Seiner Überzeugung nach eignete sich das Val d'Orcia

für den Anbau jeder Rebsorte von Cabernet bis Pinot noir und von Pinot grigio bis Moscadello. Er wollte dem Moscato d'Asti mit leichten, süßen Schaumweinen für den amerikanischen Markt Paroli bieten und gleichzeitig mit «ernsthaften» Weinen experimentieren. Bald jedoch gewannen die Roten die Oberhand, und Banfi brachte immer größere Mengen des seltenen Brunello auf den Markt.

Auch andere bedeutende Investoren traten in den 1970er-Jahren auf die Bildfläche, etwa Cinzano in Col d'Orcia und Sant' Angelo oder die Frescobaldi, die in einer Festung auf einem Hügelkamm im Westen das Gut Castelgiocondo gründeten. Dort erzeugen sie gemeinsam mit Robert Mondavi Brunello und Merlot-Verschnitte, die als Luce und Lucente in Umlauf gebracht werden. Denn selbst die Brunello-Macher, von denen sich einige mittlerweile sogar in den USA und Australien einen Namen gemacht haben, wurden vom Supertoskaner-Fieber befallen. Fügte man im Chianti

Die auf einem Hügel gelegene Stadt Montalcino florierte schon vor dem derzeitigen Weinboom. Die Fiaschetteria 1888 verströmt das bürgerliche Ambiente einer von Krinolinen, Melonenhüten und Taschenuhren geprägten Ära.

den Weinen einst Cabernet hinzu, um eine fade Brühe aufzuwerten, so entdeckt man derzeit in Montalcino Merlot als natürliche Partnerin für die stämmige Brunello-Rebe.

Die DOC-Bestimmungen indes schreiben für den Brunello zwei Jahre Fassausbau und weitere zwei Jahre Lagerung in der Flasche vor (einst waren es sogar vier im Fass). Nicht alle sind überzeugt, dass sich eine solch langfristige Investition auszahlt. Deshalb verlegt man sich gelegentlich darauf, einen Teil des Leseguts zu deklassieren und der jungen DOC Rosso di Montalcino zuzuordnen, deren Weine schon nach zwölf Monaten verkauft werden dürfen. Viele bevorzugen diesen fruchtigeren, zugänglicheren und preiswerteren Tropfen.

Der beste Platz für eine Exkursion durch die vielfältige Weinlandschaft des modernen Montalcino ist die *enoteca* in der großen grauen *fortezza*, in die die Sieneser einst flüchteten. Wer einfach nur verweilen und an einem launischen Moscadello nippen möchte, geht in die Fiaschetteria 1888 in der engen Hauptstraße. Man fragt sich, wie ein solches Jugendstiljuwel mit rotem Plüsch, vergoldeten Spiegeln und Marmortischen in dieser einsamen Zitadelle entstehen konnte, bevor der Brunello der Stadt Glamour verlieh. Einen Toast auf Clemente Santi!

Die einzige Straße, die von den beiden Sant' Angelos – Scalo und in Colle – mit ihren vielen Brunello-Erzeugern (Banfi, Col d'Orcia, Argiano, Campogiovanni, Il Poggione, Talenti) das Flüsschen Orcia entlang gen Osten führt, ist die *strada bianca* nach Castelnuovo dell'Abate. Sie windet sich durch wildes Land mit atemberaubendem Talblick und führt zu einem der schönsten Fleckchen der Toskana: der Abtei Sant' Antimo.

Das vermutlich von Karl dem Großen gegründete Kloster diente fünf Jahrhunderte lang keinem religiösen Zweck – und trotzdem: Sant' Antimo ist zweifellos ein heiliger Ort. Sein romanisches Interieur wird von einem Licht erhellt, das selbst die Wände und Pfeiler zu durchdringen scheint. Die gregorianischen Gesänge der französischen Mönche, die sich hier nach langer Zeit wieder angesiedelt haben, erfüllen morgens und abends das stille, mit Weiden und Olivenbäumen bewachsene Tal.

Auf halbem Weg den Hügel hinauf zum malerischen, von einer Stadtmauer geschützten Montepulciano stößt der Besucher auf die Kirche San Biagio, das Meisterwerk von Antonio da Sangallo. Das von einem Medici-Papst 1529 geweihte Gotteshaus ist eine architektonische Sonate.

Am Ende des Tales angelangt, wendet man sich entweder nach Montalcino zurück oder überquert die Orcia in Richtung des Monte Amiata (wo man bis in kühle, dichte Buchen- und Kastanienwälder hinauffahren kann) und hält dann auf die Festung von Rocca d'Orcia zu, um wieder zur Via Cassia zu stoßen und nach San Quirico zurückzukehren. In der Nähe der Cassia-Brücke über dem Fluss liegt das Städtchen Bagno Vignoni mit seinen heißen Quellen, die von den Medici den passenden architektonischen Rahmen erhielten. In der Toskana ist man nie weit von einem Leck in der Unterwelt entfernt.

Nimmt man in San Quirico die Abzweigung nach Osten, gelangt man nach Pienza. Dieses Musterstädtchen wurde von Enea Silvio Piccolomini geschaffen, einer der großen Persönlichkeiten seiner Zeit. Piccolomini war der Renaissance-Mann par excellence: Diplomat (als solcher reiste er für den Papst nach Schottland, wo er sich überhaupt nicht wohl fühlte, und wurde in London sogar als Spion verhaftet), Universalgelehrter, Freund und Förderer der Künste und die am meisten geachtete Persönlichkeit in Siena. Als Pius II. bestieg er schließlich den Papstthron. Später ließ er sein Heimatdorf zu einer nahezu genialen kompositorischen Einheit umgestalten. Sein Palast neben dem Dom begeistert als vollendeter Renaissancebau. Er wurde auf der Gartenseite als bestechend elegante dreistöckige Loggia gestaltet, von der aus man einen Blick über die Dächer hinweg auf das Val d'Orcia hat.

In der Ferne zieht neben dem Monte Amiata vor allem Radicofani die Blicke auf sich. Diese Zitadelle ragt auf einem hohen Felsen in den Himmel. Der Ort war einst eine Poststation auf dem Weg nach Rom, die die Medici aus Stein bauen ließen. Zahlreiche Schriftsteller von Diderot bis Horace Walpole und Casanova beschrieben sie als feucht, zugig und voller Ungeziefer. Die Bediensteten müssen unredlich gewesen sein und

Bewaldete Hügel, Weinberge und Olivenbäume säumen die Straße von Montalcino nach Montepulciano, auf der man das Städtchen San Quirico und das Renaissance-Kleinod Pienza durchfährt.

SIENA UND DER SÜDEN   111

vergiftetes Essen serviert haben. Dickens nannte die Station gar einen «Vorhof zur Hölle». Das Gasthaus gibt es nicht mehr, die Festung allerdings wurde in ein faszinierendes Museum über ihre eigene Geschichte von etruskischer Zeit bis zum Zweiten Weltkrieg umfunktioniert.

Der Himmel über dem Val d'Orcia ist oft sehr bewegt: Sommerstürme hängen über dem Amiata oder treiben ostwärts auf die Appeninen zu. Sie bilden dort eine schwärzliche Kulisse hinter Dörfern, die von der Sonne vergoldet werden. Der letzte Hügel vor dem breiten Val di Chiana mit seiner *autostrada* ist Montepulciano. Der Ort hatte einst große strategische Bedeutung und wirkt hinter seinen Mauern nach wie vor recht stattlich. Dem von Pienza kommenden Reisenden bietet sich allerdings ein trauriger Anblick: Am Fuß des Stadthügels steht eine Renaissancekirche scheinbar aufgegeben in den Feldern; ihre Kuppel und der Glockenturm ragen honigbraun zwischen silbrigen Olivenbäumen und schwarzen Zypressen hervor.

Der Wein von Montepulciano trägt die seltsame Appellationsbezeichnung Vino Nobile. Niemand weiß

Fortsetzung Seite 114 ☞

SIENA UND DER SÜDEN 113

mit Sicherheit, warum. Der Name ist weder sehr alt noch besonders zutreffend. Aus frühen Aufzeichnungen geht hervor, dass in der Stadt einst der süße rote Aleatico erzeugt wurde, den es heute fast nur noch auf Elba gibt. Als Süßweine noch Hochkonjunktur hatten, ließ sich eventuell eine Rechtfertigung für den Namen finden. Im 20. Jahrhundert indes ähnelte der Vino Nobile dem Chianti – wir befinden uns noch immer in der Anbauzone Colli Senesi –, wurde jedoch aus einem einheimischen Sangiovese-Klon namens Prugnolo gentile gekeltert, der sich vor allem durch jugendliche Härte hervortut.

Ernsthafte Bemühungen, den Appellationsstatus zu rechtfertigen, begannen in den 1970er-Jahren. Als Pionier erwies sich das Haus Avignonesi. In dem kleinen Palazzo des Erzeugers reiften unter dem Dachstuhl einige der vorzüglichsten toskanischen Vini Santi heran: delikat, rauchig, mit Anklängen an Orangen im Duft. Fanetti und Contucci (auch er in einem Palazzo) sind weitere nennenswerte Erzeuger mit einer längeren Geschichte. In jüngerer Zeit kamen Poliziano, benannt

Südlich von Siena unterbrechen immer wieder Kalkfurchen, crete *genannt, die friedliche, sanft gewellte Landschaft. Sie wirken wie Spuren eines gewaltigen unterirdischen Kampfes.*

SIENA UND DER SÜDEN 115

nach einem Renaissancedichter aus der Stadt, Boscarelli, Trerose und Fassati hinzu; auch Antinori und Ruffino engagieren sich mittlerweile in Montepulciano. Seit man auf die typischen Chianti-Zutaten verzichtet, die Prugnolo zähmt und natürlich Cabernet und Merlot ins Spiel bringt, geht es aufwärts. Ob aus dem Vino Nobile je ein Tropfen vom Format des Brunello di Montalcino wird, darf bezweifelt werden. Die besten Vertreter aber sind ernsthafte Rotweine, die sich mehrere Jahre halten. Vermutlich werden sie langfristig von exotischen Supertoskanern ins Abseits gedrängt.

Die Weinberge Montepulcianos liegen an ostwärts gerichteten Lagen über dem Fluss Chiana und an den Westhängen gegenüber, in einem relativ warmen Klima.

Unterdessen fertigt unten im wilden Val d'Orcia bei Sarteano, weit weg von allen traditionellen Weinbergen, einer der kühnsten Erzeuger von Supertoskanern üppige Rote: Die Kreationen der Tenuta di Trinoro erinnern schon fast an Napa-Weine. Zu Ehren des Gutes wurde sogar eine eigene DOC Val d'Orcia geschaffen.

Hier begegnete ich in einem einfachen Restaurant am Monte Amiata mit Blick auf das Val d'Orcia toskanischer Küche in ihrer feinsten Ausprägung. Die Gaststätte war so schlicht, dass nicht einmal eine Speisekarte vorhanden war. Zunächst gab es eine *zuppa di verdura* in Reinkultur; auf ihrer Oberfläche kräuselte sich eine grün-goldene Spur Olivenöl. Diese keineswegs sättigende Vorspeise bereitete auf die «tre» paste vor, vier unterschiedliche Nudelgerichte, die einzeln auf den Tisch kamen: zunächst Tortelli, gefüllt mit Spinat und Schafmilch-Ricotta, dann Ravioli mit Wildpilzen, daraufhin Pappardelle mit Baby-Artischocken und schließlich Lasagne, gefüllt mit einer fleischschweren Sauce.

Weiße gab es nicht, doch Montepulciano war nah. So zeigte sich der rote Hauswein im Tonkrug als junger, ungestümer und fruchtiger Rosso, der prickelnd über die Geschmacksnerven glitt und trügerisch leicht wirkte.

Das riesige milchweiße Schnitzel schmolz zwischen Gaumen und Zunge. Dann gab es noch *panna cotta*, Vin Santo, Kaffee, Grappa… Und da behaupten die modernen Toskaner ernsthaft, so etwas sei bäuerliches Essen.

Die toskanische Küste und die Maremma

Zum Schluss kommt eine seltsamerweise sehr stiefmütterlich behandelte Weinregion der Toskana: die Küste. Hier lockt keine hehre Tradition, doch sowohl direkt am Meer als auch im etruskisch geprägten Hinterland reifen derzeit revolutionäre Weine heran. Ihnen gehört die Zukunft.

DIE TOSKANISCHE KÜSTE UND DIE MAREMMA

Selbst vor kurzem noch wäre bei einer Rundreise durch die Toskana und ihre Weinlandschaft die am Meer gelegene Region so gut wie nicht zur Sprache gekommen. Zu Zeiten der Etrusker herrschte in der Küstenebene, den Erzminen der Colline Metallifere und dem fruchtbaren Süden geschäftiges Treiben. Das so intensiv genutzte Land erstreckte sich von Tarquinia in Lazio bis zu den Häfen von Talamone und Piombino (das etruskische Populonia) sowie von Pisa bis Fiesole. In die Fußstapfen der Etrusker traten die Römer. Nach ihnen allerdings machten Malaria und marodierende Mauren das Leben in weiten Teilen des Küstenstrichs zu gefahrvoll. Noch im 17. Jahrhundert konnte man sich nicht von Pisa aus zum Fischen wagen, da Sklavenhändler aus Afrika die Strände durchkämmten. Die südliche Maremma wiederum wurde von den Spaniern befestigt, die von der Halbinsel Argentario bis Elba sternförmige Burgen errichteten.

Eine von den Villen ausgehende Weinwirtschaft gab es in dieser dünn besiedelten Region kaum. Im Süden und im Hinterland kannte man die auf einem Hügel gelegene Stadt Pitigliano mit ihrer ausgeprägten jüdischen Kultur wegen ihres Weißweins, der andere seiner Art übertraf. Überhaupt waren die meisten Weine in der Region weiß beziehungsweise *giallo*, das gelbliche Ergebnis einer Misshandlung weißer Rebsorten. Die wenigen Bauern, die Sangiovese kultivierten, kannten diese Traube als Morellino – und schworen Stein und Bein, dass der Name aus der Maremma stammte.

Eines Tages versuchte sich der Besitzer einer der seltenen Küstengüter auf Ländereien, die er vorwiegend für die Pferdezucht erworben hatte, nebenbei am Weinbau. Der Ort hieß Bolgheri, das Gut San Guido, die Rebsorte Cabernet und der Weinberg Sassicaia. Bolgheri ist auf der Landkarte nach wie vor nicht leicht zu finden. Das von einer Mauer umsäumte Städtchen liegt unweit der römischen Küstenstraße Via Aurelia landeinwärts etwa auf halbem Weg zwischen Livorno und Piombino. Die Küste ist ebenso unspektakulär wie unzugänglich. Es fehlen die breiten Sandstrände, die weiter nördlich die Massen anlocken, und die natürliche Schönheit des Golfs von Baratti beziehungsweise

Sassicaia, die berühmteste Einzellage der Toskana, liegt in Meeresnähe auf flachen Hügeln.
Vor nicht allzu langer Zeit wuchsen hier noch Obstbäume und Feldfrüchte.
Wie hervorragend der Boden sich für den Anbau von Cabernet Sauvignon eignet, weiß man erst seit kurzem.

122 DIE TOSKANA UND IHRE WEINE

des Parco Naturale dell'Uccellini im Süden. Im Mittelalter lag hier das Lehngut der Familie della Gherardesca, deren Burgen man noch immer in der ganzen Region findet. Im 19. Jahrhundert kam Bolgheri durch den Dichter Carducci zu gewissem Ruhm. Kaum jemand aber würde heute noch den Ort kennen, wären da nicht der Marchese Incisa della Rochetta und seine Cabernet-Pflanzungen in einem maritimen Klima (wie im Médoc) auf dem von den Flüssen aus den Colline Metallifere im Hinterland mitgebrachten Kiesboden (wie in Graves) gewesen.

Der Marchese hatte zwei Neffen, die Gebrüder Lodovico und Piero Antinori. Auch sie setzten auf Bolgheri: Lodovico experimentierte auf seinem Gut Ornellaia zunächst mit Sauvignon blanc und schuf einen köstlichen Tropfen namens Poggio alle Gazze; später pflanzte er Cabernet auf Kiesuntergrund und Merlot in einer Lage mit Tonboden, Masseto genannt.

Piero wiederum stieg zunächst mit einem Rosato namens Scalabrone ein – Rosé war zu jener Zeit der einzige hier zugelassene Bolgheri-Wein –, suchte sich dann höhere, steinigere Lagen für seine Cabernet- und Merlot-Reben und fertigte daraus Guado al Tasso. Diese Namen sind heute alle Gold wert.

Bolgheri ist auf dem besten Wege, das Bordeaux der Toskana zu werden. Ein gutes Dutzend Erzeuger teilen sich die mittlerweile auf 260 Hektar angewachsene Anbaufläche; sie erstreckt sich bis hinunter nach Castagneto Carducci, die zu Ehren des Dichters benannte Stadt etwa zehn Kilometer weiter südlich. Hier ließ sich vor kurzem auch der geniale Barbaresco-Macher Angelo Gaja neben dem gut eingeführten Gut Grattamacco nieder.

Mittlerweile sind die frühen Sassicaia-Weine zu voller Reife gelangt. 1998 wurde der 1975er-Sassicaia in London mit den Premiers crus desselben Jahrgangs aus

Wie dahinziehende Pilger reihen sich die Zypressen an der breiten Allee aneinander, die von der Küstenstraße, der antiken Via Aurelia, bis zum mittelalterlichen befestigten Städtchen Bolgheri führt.

Bordeaux verglichen, die dort in dieser Saison sehr tanninlastig ausfielen. Der Sassicaia erwies sich als der fruchtigere Tropfen; er demonstrierte zwar eine extreme Reife, wie man sie bei Bordeaux-Kreszenzen nur selten findet, war aber dennoch unter seinesgleichen.

Bislang spielen die Bolgheri-Weine in einer eigenen Liga. Das heißt allerdings nicht, dass andernorts in der Küstenregion nicht experimentiert wird. Wenige Kilometer nördlich, wo sich die Cecina ins Meer ergießt, wartet die winzige DOC Montescudaio mit respektablen Ergebnissen auf. In Suvereto landeinwärts hinter Piombino liegt in den Hügeln Val di Cornia, eine weitere Anbauzone, die man im Auge behalten sollte. Doch trotz der Vorteile, die die Meeresnähe bietet, konnte sich das Gebiet noch nicht als ernsthaftes Weinland qualifizieren.

Ganz anders Elba. Obwohl seit etruskischer Zeit der Bergbau den Ton angab (die riesigen Erzbergwerke stellten erst im letzten Jahrhundert den Betrieb ein), hat die Insel dank ihrer kräftigen, roten Mineralerde und des milden Klimas zweifellos das Zeug zu eigenständigen Weinen. Zu kurzem Ruhm kam Elba als Exilort Napoleons. Der frustrierte Kaiser bewerkstelligte während seines neunmonatigen Zwangsaufenthalts auf dem Eiland mehr als alle Herrscher Elbas zusammengenommen. Das Hauptstädtchen Portoferraio liegt in einer malerischen, geschützten und seit dem Rückgang der Landwirtschaft dicht bewaldeten Bucht. Die Medici befestigten es einst, heute aber wird es vor allem vom Geist Napoleons beherrscht.

Das auf einem Hügel gelegene, von dem französischen Kaiser in einen Spielzeugpalast umgewandelte Gebäude mit großartigem Ausblick ist ein beeindruckendes Bauwerk. Sehenswert ist hier auch das Landhaus, in dem der Kaiser an den Wochenenden ausgiebig badete. Er nahm jeden Zentimeter der Insel in Augenschein und verbesserte alles, vom Straßen- bis zum Kanalnetz. Als er sich zum Picknick niederließ,

Vor der toskanischen Küste liegen rund ein Dutzend Inseln. Man erreicht sie mit der Fähre von Porto Santo Stefano oder Piombino. Auf dem felsigen kleinen Eiland Giglio wird eine aus Sizilien stammende weiße Rebsorte namens Ansonica angebaut, aus der wohlschmeckende gelbe Weine für Fischgerichte gekeltert werden.

trauerte er nicht etwa seinem Chambertin nach, sondern labte sich am Aleatico.

Süßer roter Muskatwein ist nicht jedermanns Sache. Ein guter Aleatico aber – selten genug zu haben – gehört zu den eigenständigsten Nektaren überhaupt: tiefrot, zuweilen perlend, nach Muskat duftend, köstlich süß, heimtückisch stark und gleichzeitig tanninstreng. Er macht ein mit Landschinken belegtes *panino* zum napoleonischen Erlebnis.

Die Procanico ist Elbas Version der Trebbiano und kommt erwartungsgemäß fade daher. Ausschau halten sollte man hingegen nach Weißen aus der Ansonica, einer weitaus wohlschmeckenderen sizilianischen Traube, die eigentlich eine Spezialität des Inselchens Giglio ist. Der führende Erzeuger auf Elba heißt Acquabona; einen Besuch lohnt allerdings vor allem das kleine Gut La Chiusa gegenüber von Portoferraio.

Das Festland auf der Höhe von Elba und südlich davon hatte einst einen schrecklichen Ruf. Dante bezeichnete den Landstrich als Hölle auf Erden. Ein Großteil der Provinz Grosseto war trotz wiederholter Bemühungen um Trockenlegung bis zu Mussolinis Zeiten gefährlich sumpfig geblieben. Bewohnt wurde die Gegend von Vertretern einer reichhaltigen Fauna und einigen wenigen Kuhhirten mit ihren Herden. Die Wildtiere haben sich heute vorwiegend in das Schutzgebiet Monti dell'Uccellina zurückgezogen, während die Schickeria aus Mailand und Rom ihre Freizeit in Punta Ala und auf Argentario verbringt. Die Hoffnungsträger der toskanischen Weinkultur sind allerdings die fruchtbaren Hügel landeinwärts. Woche um Woche hört man von weiteren renommierten Chianti-Erzeugern, die es nach Süden ins Morellino-Gebiet zieht, weil sie vom Boom zu Hause frustriert sind oder eine aufregende neue Alternative wittern.

Hier präsentiert sich die Toskana am üppigsten und friedlichsten. Es gibt kaum Gehöfte. Die befes-

Gegenüber Elbas Hauptstadt Portoferraio liegt auf der anderen Seite der tiefen, geschützten Bucht der winzige, von einer Mauer umgebene Weinberg La Chiusa. Die hier heranreifenden Trauben für Roten und Weißen dürften sich seit Napoleons Zeit kaum verändert haben. Das Paradepferd der Insel ist der duftende rote Aleatico.

tigten Städtchen Magliano, bekannt für seine tausend-jährigen Olivenbäume, Capalbio, Pereta und Manciano mit ihren Toren und Türmen ragen unspektakulär aus einer sanft wogenden Hügellandschaft heraus. Scansano, die selbst ernannte, mit ihren 500 Metern Höhe alles überragende Morellino-Hauptstadt, bietet einen überwältigenden Blick über dunkle Eichen hinweg auf das Tyrrhenische Meer bis Argentario, zu den nahe gelegenen Inseln und sogar den schneebedeckten Bergen Korsikas in weiter Ferne.

Auch anderen Orten hätte die Ehre gebührt, zum Morellino-Zentrum zu werden, umso mehr, als auf dem Markt von Scansano eher Pferde als Weine im Mittelpunkt stehen und die Cowboys mit ihren ledernen Überhosen und dem Maremma-Stetson lässig an der Bar lehnen. Anfang des letzten Jahrhunderts nannte die Familie Mantellassi erstmals einen Wein Morellino. 1975 übernahm dann eine große neue Genossenschaft die Bezeichnung, um eine DOC zu erlangen. Bis vor kurzem fiel eine Charakterisierung des Morellino schwer. Es handelt sich um einen Sangiovese

und nicht um einen Verschnitt nach Chianti-Art. Er zeigt gute Farbtiefe, Wärme und Fülle, meist aber wenig Biss und auch nicht die typisch toskanische Rauheit. Erzeuger wie Banti in Scansano und das Spitzengut Moris Farms bei Grosseto brachten eine Luxusversion auf den Markt, die leider durch neue Eiche – und den damit einhergehenden horrenden Preis – verdorben wird. Mittlerweile allerdings kristallisieren sich gehaltvolle Rote heraus, die vielleicht sogar das Zeug zu zugänglichen, unbeschwerten Brunello-Versionen haben. Die Namen Frescobaldi, Mazzei und sogar Biondi-Santi auf den Etiketten wecken sicherlich große Hoffnungen – alle drei Häuser haben wie Antinori in der Gegend Land aufgekauft. Sie werden langfristig kaum an unverschnittenen Morellino-Weinen festhalten, so gut diese auch ausfallen mögen. Alle Anzeichen deuten darauf hin, dass die Geburt einer weiteren Gattung von Supertoskanern bevorsteht.

Weiter landeinwärts nach Osten unmittelbar südlich des Monte Amiata, trägt die Landschaft einzigartige Wesenszüge. In Saturnia formen sich heiße Quellen zu

Die chaotische alte Mischkultur um Pitigliano weicht nach und nach zweckmäßigeren Pflanzungen,
in denen eine breite Palette nichttraditioneller Trauben gedeiht. Die Sangiovese hat ihren festen Platz,
muss sich das Terrain aber mit Sorten aus Bordeaux und von der Rhône sowie aus anderen Regionen Italiens teilen.

128 DIE TOSKANA UND IHRE WEINE

Pereta ist das Musterbeispiel eines befestigten Städtchens in den Hügeln der Maremma um Scansano. Seine Wachtürme erinnern an Zeiten, als Menschenhändler aus Nordafrika den Landstrich auf der Suche nach Sklaven durchkämmten.

DIE TOSKANISCHE KÜSTE UND DIE MAREMMA 129

einem Wasserfall, der kilometerweit zu sehen ist. Die etruskische Zitadelle Pitigliano steht auf einem unbezwingbaren Felsen und wurde einst von den Aldobrandeschi und ihren Nachfolgern, den Orsini aus Rom, zur Feste ausgebaut. Die im 15. Jahrhundert aus Spanien fliehenden Juden waren eine Bereicherung für Pitigliano; sie sorgten nicht zuletzt dafür, dass der Weißwein von hier über die Stadtgrenzen hinaus berühmt wurde. Eine Zeit lang war er der bekannteste Vertreter seiner Art in der ganzen Toskana. Dabei ist nicht einzusehen, warum Weißwein in dieser warmen Region mit ihren purpurroten und orangefarbenen, mineralienreichen Böden besser gedeihen sollte als Roter. Die Zukunft der Weinlandschaft hat mit der Ankunft der Antinori begonnen, die in dem noch immer im Zeichen der Etrusker stehenden Städtchen Sovana sowohl toskanische als auch französische rote Rebsorten, ja sogar unbekümmert Aleatico, pflanzen.

Sovana und Sorana sind zwei benachbarte Ortschaften, wo wenig geschehen ist, das die etruskische Vergangenheit verdrängt hätte. Man gelangt nach wie

vor auf verborgenen Pfaden dorthin, die die Etrusker bis zu 30 Meter tief in den Fels gehauen und mit ihren reich gestalteten Gräbern ausgekleidet haben. Alles hier ist von vorgestern – wie alt genau, scheint niemanden zu interessieren. Die schönste etruskische Grabstätte Sovanas heißt Tomba Ildebranda. Selbstverständlich trägt ein so bedeutendes Monument den Namen des berühmtesten Sohnes der Stadt: In Sovana kam Papst Gregor VII., mit bürgerlichem Namen Ildebrando, zur Welt. In dem Kirchlein der Stadt finden sich ein Schrein aus gemeißeltem Stein und ein Baldachin aus dem 9. Jahrhundert.

Das schlitzohrige Lächeln eines etruskischen Gesichts lässt einen nicht mehr los. Die Porträts in den Gräbern zeigen die Menschen elfenartig, freundlich, leicht spöttisch. Wie viel haben wir eigentlich mit den ersten Bewohnern der Toskana – und überhaupt allen Völkern der Frühgeschichte – gemeinsam? In jedem versteckten Winkel der verzauberten Landschaft steht die Zeit still. Draußen geht das Leben weiter. Was die Franzosen aber *terroir*, das Wesen eines Fleckchens

Fortsetzung Seite 133 ☞

130 DIE TOSKANA UND IHRE WEINE

Zu den etruskischen Zitadellen Sovana und Sorano kommt man auf seltsamen Hohlwegen, die vor 2500 Jahren in den Fels gehauen wurden. Manche führen zu Felswänden mit monumentalen Etruskergräbern. Die Olivenbäume in Magliano sind angeblich fast ebenso alt.

DIE TOSKANISCHE KÜSTE UND DIE MAREMMA

Erde, nennen, ändert sich nur wenig. Die Geologie liegt einem Landstrich zugrunde, die Geografie formt ihn. Alles, was wechselnde Klimabedingungen, Reichtum, Armut oder wandelnde Bräuche an Veränderungen mit sich bringen, wird eines Tages wieder rückgängig gemacht werden – so wie die Ziegen verschwinden und Blumen und Bäume wieder wachsen.

Eine Ahnung von Ort und Zeit wohnt jedem Wein inne. Es wäre zwar schwierig, aber technisch durchaus möglich, ihn völlig neutral zu bereiten und sämtliche Hinweise auf seinen Hintergrund auszumerzen. Doch welchen Sinn hätte das? Australiens Erzeuger fertigten vollendet anonyme Weine und mussten dann feststellen, dass die Käufer ihr Produkt nach einem Glas nicht mehr anrührten. Sobald die Güter aber die Eigenheiten ihrer Erzeugnisse hervorkehrten, waren die Weinliebhaber davon hingerissen.

Toskanischer Wein hat seine Eigenheiten. Für die, die einen Chianti Classico von einem Vino Nobile oder einen Morellino von einem Carmignano unterscheiden können, sogar sehr viele. Aber sind diese Eigenheiten

Kein Ort in der Toskana ist so außergewöhnlich gelegen wie Pitigliano: Die Stadt steht auf einem riesigen, auf drei Seiten steil abfallenden, oben flachen Felsen. In etruskischen Keliern unter dem Festungstor wird der scharfe lokale Weißwein verkauft.

spezifisch toskanisch oder lassen sie sich durch die gleiche Behandlung der gleichen Trauben in einem x-beliebigen anderen Anbaugebiet ebenfalls herausarbeiten?

Die Königin der Toskana bleibt die Sangiovese; ihr flüchtiges Aroma und ihre fest gewirkte Struktur machen die toskanischen Roten aus. Sie leben vom Spannungsverhältnis zwischen Frucht, Säure und Tannin mit charakteristischer regionaler Prägung. Manchmal bilden die Tannine das Rückgrat, ein ander Mal den Überbau. Die Tannine der Sangiovese füllen den Mund mit Rauheit. Sie geben Speisen die Würze und machen gleichzeitig durstig. Zu viel wirkt bitter, das rechte Maß hingegen belebt wie ein raues Handtuch.

Die meisten modernen Geschöpfe, die aufstrebenden Supertoskaner, sind Sangiovese-Verschnitte mit fremden Trauben. Dahinter steckt der Gedanke, die Weine mit mehr aromatischen Geschmacksnoten zu bereichern, als die Sangiovese allein zu bieten imstande ist, ihnen mehr Fleisch auf die Knochen zu geben, aber gleichzeitig die Eigenarten der Traube – das Gespür für die Erde und ihre Rauheit – zu erhalten.

Aber natürlich ist die Traube nicht allein entscheidend. Man setze eine Bordeleser Rebsorte in die Hügel des Chianti, und niemand wird sie für ein Bordeaux-Gewächs halten. Man pflanze eine Chardonnay in Rufina, und schon hat man Florentiner Wein. Die seit langem mit der Toskana verwachsenen Trauben bringen den Charakter der Region am klarsten zum Ausdruck, doch scheint jede hier gezogene Rebe toskanische Gewohnheiten anzunehmen.

Und die liebste dieser Gewohnheiten ist die Anpassung an toskanische Tafelfreuden. Essen und Wein haben – in genau der Reihenfolge – ihren festen Platz im toskanischen Gemüt. Wer zu viel Wert auf den Wein legt, stört das Gleichgewicht.

Doch man kann Wein auch zu nahe kommen. Der moderne Trend, den Winzern über die Schulter zu schauen, trübt den Blick vielleicht mehr, als er ihn schärft. Denn Wein ist vieles: Getränk, Nahrung, Stimmungsmacher, Statussymbol und Droge. Wer ihn aber wirklich schätzt, möchte ihn einfach als Essenz seines Herkunftsgebietes sehen – als Landschaft in der Flasche.

DIE TOSKANISCHE KÜSTE UND DIE MAREMMA 135

Weinführer durch die Toskana: einige Tipps

Die alte und neue Weinwelt existieren in der Toskana so einträchtig nebeneinander wie in kaum einem anderen Anbaugebiet. Der wissbegierige Besucher wird beide erkunden wollen.

Sinn für Humor ist in der verwirrenden italienischen Weinlandschaft fast ebenso wichtig wie ein Korkenzieher. Für Durcheinander sorgen vor allem die Erzeuger mit ihrem ungebremsten Enthusiasmus. Während bei den Kleinbetrieben eine zutiefst konservative Grundhaltung vorherrscht, scheuen die mittelgroßen Produzenten kein Experiment, um ihr Ansehen zu heben. Und die meisten Spitzengüter, so unterschiedlich groß sie auch sein mögen, fallen in die zweite Kategorie.

«Il genuino» hört man Kleinwinzer und Wirte oft sagen. Und darin schwingt tiefes Misstrauen gegenüber allem mit, was nicht von ihnen selbst mit einfachsten Methoden, aber zumeist auch ohne jegliches Hintergrundwissen geschaffen wurde. Wein, den sie genuino nennen, kann schon halber Essig sein – traficato, manipuliert, wäre er ihrer Ansicht nach noch schlimmer. Unter traficato versteht man übrigens alles von einer durchaus notwendigen Schwefelbeigabe bis zur Verwendung von Trauben oder dem Zusatz von Wein aus dem Mezzogiorno, eine in ganz Norditalien weit

verbreitete Praxis. Viele glauben offenbar auch allen Ernstes, dass einfacher bäuerlicher Wein «trotz aller Fehler den Kopf freimacht».

Niemand sollte sich einen richtig rustikalen genuino entgehen lassen – und sei es auch nur, um festzustellen, welche radikalen Fortschritte in letzter Zeit gemacht wurden. Weiße aus bäuerlicher Produktion sind im Allgemeinen gelb, giallo, zeigen Spuren von Oxidation und schmecken flach, vielleicht macht sich auch schon ein leichter Anflug von Essig bemerkbar. Man trinkt diese Weine am besten ungekühlt und zum Essen. Die offene Karaffe im einfachen Fischergasthaus steht in dieser Tradition; sie würde wohl von jedem amerikanischen Connaisseur, der an einem «Weinfehlerseminar» teilgenommen hat, unverzüglich weggeschüttet werden. Wer jedoch einen Sinn für Geschichte und eine Liebe für Europa mitbringt, der wird den Wein kosten und erst dann zu einem etikettierten (und um ein Vielfaches teureren) Erzeugnis greifen.

Offene Rote sind facettenreicher, meist auch genießbarer und ganz selten sogar à point, voller Frucht, Leben und Biss. Ich probiere sie gern, ob in einem einfachen Straßencafé oder in einem Restaurant, wo ein Sommelier bereits die Vorauswahl getroffen hat.

In den Touristenlokalen fallen die Listen der Markenweine endlos aus, denn der Fantasie der Winzer sind keine Grenzen gesetzt. Die Sommeliers versuchen damit Schritt zu halten. So wird man auf den Weinkarten im Chianti vermutlich eine Riege der bekannteren, meist in der näheren Umgebung ansässigen Erzeuger vorfinden, die jeweils mit einem oder zwei reinsortigen Möchtegern-Supertoskanern, einem Chianti und ein paar (nur in guten oder für gut gehaltenen Jahren gekelterten) Chianti Riserva vertreten sind. Wer aber «sichere» farbintensive, fruchtbepackte Weine mit einer Note von Eiche bevorzugt, sollte zu den reinsortigen Tropfen greifen. Die Wahl wird dadurch noch komplizierter, dass man auf den Rückenetiketten so viel nützliche Informationen wie möglich in winziger Schrift unterbringt.

Die Etiketten der DOC-Weine sind da noch vergleichsweise übersichtlich (Chianti Classico ist übrigens ein DOCG-Wein, aber hier soll nicht über das Anhängsel Garantita philosophiert werden). Darauf stehen Erzeuger und Zone im Mittelpunkt, obwohl die meisten Güter es sich nicht nehmen lassen, einen Markennamen und zudem noch eine Lage oder einfach nur eine Fantasiebezeichnung mit fragwürdigem Sinn aufs Etikett zu drucken.

Die Toskana gehört zu den wenigen Regionen, in denen man sich im Zweifelsfall einen der größten und berühmtesten Namen herauspicken sollte – als leuchtendes Beispiel sei Antinori genannt. Selbst der billigste Tropfen aus einem solchen Haus ist noch eine gute Wahl. Ruffino, Frescobaldi und Ricasoli sind weitere Güter, bei denen man nie einen önologischen Misstritt begeht.

In diesem Buch habe ich eine Reihe der renommiertesten toskanischen Erzeuger in ihren lokalen Kontext gestellt. Es folgen nun einige Grundbegriffe aus Italiens Weinlandschaft und anschließend ein Abriss der besten beziehungsweise der von mir bevorzugten Weine. Er ist alles andere als umfassend. Eine stets aktuelle und ausführliche Kritik italienischer Weine findet man im *Gambero-Rosso*-Führer *Vini d'Italia*, der jährlich auch in deutscher Sprache im Hallwag Verlag erscheint.

Consorzio
Eine Gruppe von Erzeugern, die sich zur Verteidigung und Förderung einer DOC zusammengeschlossen haben. Als erstes Consorzio wurde der «Gallo nero» gegründet, dessen Erkennungszeichen, der schwarze Hahn, auf der Halsbinde der meisten Chianti-Classico-Weine erscheint. Die Hand voll Spitzengüter allerdings haben durchaus ihre Gründe, warum sie keinem Consorzio angehören.

DOC Denominazione d'Origine Controllata
Das italienische Appellationssystem gibt es seit 1963; es wird mit der Entstehung neuer Weintypen noch immer erweitert. Alle Weine (nicht Marken) – mittlerweile sind es weit über tausend – werden bis zu einem gewissen Punkt «kontrolliert».

DOCG Denominazione d'Origine Controllata e Garantita
Wie das DOC-System, doch mit dem Zusatz *Garantita*, der für staatliche Qualitätsgarantie steht. Die DOCG-Zonen bilden derzeit die Elite unter Italiens Appellationen. Auch Chianti Classico zählt dazu. Es ist zwar nicht ganz klar, wie der Staat die Qualität garantieren will, doch zumindest weist eine numerierte Flaschenhalsbinde auf eine gewisse Quantitätskontrolle hin.

IGT Indicazione Geografica Tipica
Eine vor kurzem eingeführte Herkunftsbezeichnung, die verhindern soll, dass Spitzenweine außerhalb des DOC-Systems in die Vino-da-Tavola-Klasse rutschen. IGT-Weine sind oft DOC-Anwärter, auch wenn überhaupt nichts garantiert wird.

Fattoria
Dies ist der gängige Begriff für ein Weingut (und überhaupt für jeden Bauernhof). Theoretisch wird sie von einem Gutsherren oder Verwalter *(fattore)* geführt. Einen größeren Besitz nennt man zuweilen Tenuta, einen bescheideneren Podere. Ein Castello ist einfach eine Fattoria mit Burg.

Riserva
Für jede DOC gibt es eine exakte Definition, wie lange ein Riserva im Fass beziehungsweise in der Flasche ausgebaut werden muss. Riservas sind ausgewählte Weine aus besseren Jahrgängen, die für eine Alterung in Frage kommen und charaktervoller, intensiver und komplexer ausfallen. Die Annata ist einfach nur der Jahrgang – ob Riserva oder nicht.

VDT Vino da Tavola
Die bescheidenste Kategorie, denn hier gibt es keinerlei Kontrollen. Gerade deshalb ziehen sie manche findige Erzeuger der DOC vor.

Weine der Toskana – eine Auswahl

Das Arno-Tal: zwischen Florenz und dem Meer

RUFINA

Die Frescobaldi-Güter in Nipozzano und Pomino nehmen in dieser Zone eine beherrschende Stellung ein; ihr Flaggschiff ist der Rufina-Chianti-Wein Montesodi. Weitere Rufina-Güter von Rang sind die Fattoria Selvapiana und Basciano.

Erwähnung finden sollten an dieser Stelle auch die Weine des großen Unternehmens Ruffino in Pontassieve. Seine Spitzenerzeugnisse sind der Chianti Classico Riserva Ducale und der Cabernet-Wein Cabreo Il Borgo, der einem Carmignano ähnelt.

CARMIGNANO

Weine von Capezzana setzen den Maßstab und sind obendrein nicht einmal teuer. Alle fallen gut aus: der lebendige Rosé Vin Ruspo, der fruchtigleichte Rotwein Barco Reale oder auch die langlebigen Capezzane Riserve. Als Supertoskaner wird der Cabernet-Verschnitt Ghiaie della Furba feilgeboten. Weitere nennenswerte Erzeuger: Fattoria Ambra und die Medici-Villa Artimino, die praktischerweise ein Hotel gegenüber hat. Die Chianti-Weine kommen als Chianti Montalbano in den Handel – sie sind eine Kostprobe wert.

LUCCA UND UMGEBUNG

Montecarlo-Weine von Buonamico, Montechiari und der Fattoria del Teso. Wagen Sie sich an die Weißen aus den Colline Lucchesi, ganz gleich, ob Sie den Namen kennen oder nicht.

SÜDLICH VON FLORENZ: CHIANTI

CHIANTI COLLI FIORENTINI

Das Castello di Poppiano in Montespertoli, das Castello del Trebbio in Santa Brigida, die Fattoria La Querce in Impruneta.

CHIANTI CLASSICO

Die Liste der guten Erzeuger ist lang, und es herrscht wenig Einigkeit darüber, wer nun der beste ist. Die folgenden Güter bringen wundervolle Weine zuwege – sowohl klassische Chianti als auch Verschnitte nach Art der Supertoskaner. Sie sind nach Gemeinden aufgelistet, damit man einen Überblick über ihre Verteilung bekommt, wenngleich das wenig über ihren Stil aussagt. Als Faustregel gilt, dass die Weine umso körperreicher ausfallen, je weiter man in der Classico-Zone nach Süden kommt.

Barberino Val d'Elsa (Westen)

Casa Emma, Isola e Olena (auch Cabernet, Syrah und Vin Santo der Spitzenklasse), Castello di Monsanto, Pasolini Dall'Onda.

Castellina in Chianti (Mitte)

Tenuta de Bibbiano, Castellare, Villa Cerna, Castello de Fonterutoli (unter anderem Siepi, ein exzellenter Sangiovese/Merlot), Brancaia, Lilliano, Rocca delle Macie, San Fabiano Calcinaia.

Castelnuovo Berardenga (Süden)

Die Fattoria di Felsina ist zu Recht berühmt; San Felice bereitet viele gute Tropfen.

San Casciano in Val di Pesa (Nordwesten)

Hauptniederlassung des Hauses Antinori. Seine Spitzengewächse sind die berühmten Solaia und Tignanello, doch auch die Chianti-Weine – Marchese Antinori, Badia a Passignano und der fruchtige Peppoli – brillieren. Erwähnenswert sind ferner die Fattoria di Grevepesa, Le Corti-Corsini und die Fattoria Machiavelli-Serristori.

Gaiole in Chianti (südliche Mitte)

Chianti Geografico heißt die bewundernswerte Winzergenossenschaft. Das Gut Castello di Ama besticht durch eine Reihe reinsortiger Erzeugnisse und den

Spitzenreiter Chianti Classico Bellavista. Das schöne ehemalige Kloster Badia a Coltibuono in den Hügeln betreibt ein Restaurant und hat viele alte Jahrgänge im Keller (die tiefer gelegenen Weinberge findet man etwas weiter südlich). Das Castello di Brolio ist der *locus classicus* des Chianti: Die Ricasoli-Weine geraten mittlerweile wieder tadellos. Riecine genießt besonders unter Engländern einen ausgezeichneten Ruf. Cacchiano und Lamole di Lamole sind berühmte alte Namen.

Greve in Chianti
(nördliche Mitte)
Carpineto, Nozzole (im Besitz von Ruffino) und insbesondere Querceto und Querciabella (*quercia* heißt Eiche) stehen hier für höchste Qualität. Die Burgen von Uzzano, Verrazzano und Vicchiomaggio sind unübersehbare Monumente. Vignamaggio bereitete den ersten urkundlich erwähnten Chianti.

Panzano in Chianti
(Mitte)
Das herausragende Gut ist die Tenuta Fontodi; es hat unter anderem einen guten Syrah im Angebot. Cennatoio, Castello dei Rampolla, Villa Cafaggio und Vecchie Terre di Montefili bringen verlässlich gute Weine oder sogar noch Besseres zustande.

Poggibonsi
(Westen)
Melini gehört zu den bekanntesten Gütern der Region; der Spitzenwein heißt La Selvanella. Zur Produktpalette gehört ferner ein Vernaccia di San Gimignano.

Radda in Chianti
(Südosten)
Castello d'Albola, Volpaia und Montevertine spielen alle in der Spitzenliga. Montevertine ist für seinen Sangiovese Le Pergole Torte berühmt. Ebenfalls beachtenswert ist die Fattoria Terrabianca.

Tavarnelle Val di Pesa
(Westen)
Poggio al Sole ist empfehlenswert (auch für reinsortige Rote).

San Gimignano
Vernaccia-Weine und Rote von Guicciardini-Strozzis Fattoria di Cusona bzw. der Fattoria Paradiso sowie der Terre di Tufi von der Fattoria Ponte a Rondolino genießen einen guten Ruf. Weitere hochklassige Weine bringen Baroncini, Falchini, La Lastra, Montenidoli, Mormoraia, Panizzi, die Fattoria San Donato, Teruzzi e Puthod und die Fratelli Vagnoni in Pancole heraus.

SIENA UND DER SÜDEN

MONTALCINO
In der Enoteca La Fortezza bekommt man einen Eindruck von der großen Zahl der Erzeuger (und den horrenden Preisen, die manche verlangen).
Biondi-Santi ist der Übervater. Weitere Produzenten in willkürlicher Reihenfolge: Altesino; Argiano; das gigantische Castello Banfi mit vielen Etiketten; Fattoria dei Barbi; Caparzo (mit seinem Paradepferd La Casa); Castelgiocondo im Besitz der Frescobaldi mit dem ausgezeichneten Merlot Lamaione und den Joint Ventures mit Mondavi, Luce

und Lucente; Col d'Orcia (mit einem einladenden Verkostungsraum); Costanti; Il Poggione; Lisini (von San Angelo in Colle aus auf dem Feldweg in östlicher Richtung erreichbar); Mastrojanni; Nardi; Angelo Gajas Pieve Santa Restituta; Poggio Antico; Marroneto; Castello Romitorio und Val di Suga. Den Rosso di Montalcino sollte man auf jeden Fall probieren.

MONTEPULCIANO

Die ersten Adressen sowohl für reinsortige Tropfen als auch für Vino Nobile sind Avignonesi und Poliziano; Avignonesi bereitet ferner einen hervorragenden Vin Santo. Auch Boscarelli, Canneto, die Fattoria del Cerro, Contucci, Fanetti, Fassati, Innocenti, Il Macchione, La Braccesca in Antinori-Besitz, Ruffinos Lodola Nuova, die Tenuta Trerose und die Tenuta Valdipiatta legen sich ins Zeug, um dem Vino Nobile wieder zu altem Glanz zu verhelfen. Montepulciano ist zudem der Zone Chianti Colli Senesi, dem Chianti-Gebiet von Siena, zugeordnet, weshalb viele Erzeuger auch einen Chianti keltern. Und manche bereiten sogar einen angenehmen Weißen namens Bianco Vergine di Valdichiana, obwohl der allmählich gegenüber den «In»-Weinen Chardonnay, Sauvignon blanc und anderen Modetropfen ins Hintertreffen gerät.

VAL D'ORCIA (SÜDLICH VON MONTEPULCIANO)

Tenuta di Trinoro (massive Rote nach Art der Bordeaux-Weine).

DIE TOSKANISCHE KÜSTE

PROVINZ PISA

Die neue Welt der toskanischen Küstenweine hat mit den DOC Montescudaio und Val di Cornia zwischen Livorno und Bolgheri einen entfernten Außenposten. Die Tenuta del Terriccio in Castellina Marittima bereitet ausgezeichnete Cabernet-Merlot-Verschnitte namens Lupicaia sowie einen Chardonnay-Sauvignon blanc, der als Fondinaia in die Verkaufsregale kommt. Beide stehen in der Rangordnung der Supertoskaner ganz oben.

BOLGHERI

Ein erschwinglicher Wein in dieser Millionärsenklave ist der Bolgheri Rosato. Hypotheken muss man hingegen aufnehmen, will man die wundervollen Schöpfungen Paleo, Grattamacco, Sassicaia (Cabernet), Masseto (Merlot) sowie Guado al Tasso und Ornellaia (beide Cabernet/Merlot) erwerben. Der Poggio delle Gazze ist ein großartiger Sauvignon blanc; wer aber charaktervolle Weine und ein gutes Verhältnis von Preis und Leistung schätzt, greift zum weißen Vermentino der Tenuta Belvedere von Antinori.

Südlich von Bolgheri nahe der Küste bei Suvereto fertigen die Güter Tua Rita, Montepeloso und Gualdo Del Re in der DOC Val di Cornia Modeweine. Halten Sie Ausschau nach dem Vermentino.

ELBA

Empfehlenswert: Acquabona in Portoferraio, La Chiusa in Magazzini, Enrico Tirloni in Lacona. Probieren aber sollte man jeden Wein.

SÜDLICHE MAREMMA

Der Standard hier steigt rapide. Den derzeit vermutlich köstlichsten Morellino keltert die Tenuta di Belguardo von Mazzei in der Nähe von Montiano. Zu den besten Erzeugern von Morellino di Scansano zählen ferner Le Pupille in Pereta, Moris Farms in Massa Marittima, Erik Banti und Bargaglis Provveditore in Scansano sowie Mantellassi in Magliano. La Parrina ist ein großes Küstengut bei Porto Santo Stefano mit einer eigenen DOC, das zwar nicht besonders eigenständige Rote und Weiße bereitet, aber guten Käse verkauft.

BIANCO DI PITIGLIANO DOC

Sehr leichte, aber frische Weiße entstehen hier. La Stellata bei Manciano keltert süffige Lunaia. Bargagli in Scansano und Sassotondo in Sovana sind ebenfalls empfehlenswerte Alternativen; weitere Weine kann man in den Kellern von Pitigliano probieren. Achten Sie auf die künftigen Erzeugnisse von Antinori.

Rebsorten – eine Auswahl

Aleatico Eine nach Muskat duftende rote Rebsorte, die vorwiegend auf Elba angebaut wird. Einen Versuch wert.

Ansonica Man muss sich möglicherweise bis zum Inselchen Giglio (Fähre von Porto Santo Stefano) durchschlagen, um diesen Weißen, der Trebbiano übertrifft, mit ausgezeichnetem Fisch probieren zu können.

Brunello Die Montalcino-Spielart der universellen roten Sangiovese. Ein Klon, aus dem im relativ warmen Klima der Region die größten und kraftvollsten Toskaner entstehen.

Cabernet Sauvignon Mittlerweile in der Toskana als ideale Verschnittpartnerin der Sangiovese weit verbreitet (wenn auch in den kälteren Ecken des Chianti die Merlot besser reift). Sie hat an der Küste bei Bolgheri die ideale Bleibe gefunden.

Canaiolo Eine der immer selteneren dunklen Trauben, die für Chianti-Verschnitte verwendet werden und insbesondere beim traditionellen *governo* zum Einsatz kommen.

Colorino Eine weitere nützliche Rebsorte, die dunkle Weine erbringt.

Malvasia Eine der beiden besten weißen Rebsorten der Toskana, obwohl sie vorwiegend Chianti-Verschnitte bereichert. Auf sich gestellt, neigt sie bei unsachgemäßer Behandlung zu Oxidation. Bei längerer Lagerung können üppige, sanfte, fast schon sinnliche trockene Weine entstehen.

Mammolo Noch eine rote Partnerin der Sangiovese, dunkel und stark duftend; heute kaum noch in Gebrauch.

Merlot Bis vor kurzem als Begleiterin der Sangiovese beliebt, steht aber auch ausgezeichnet auf eigenen Füßen. Wird im Inland wie an der Küste kultiviert.

Moscadello Montalcino hatte einst eine eigene Muskateller-Variante, Moscadelleto genannt. Sie erbrachte starke, süße, bernsteinfarbene Weine, die Jahrzehnte gelagert werden konnten. Die modernen Moscadello-Gewächse fahren eher auf der leichten Asti-Schiene.

Procanico Ein veraltetes Synonym für Trebbiano.

Prugnolo gentile Der dominierende Sangiovese-Klon in Montepulciano.

Sangiovese Die wichtigste rote Traube der Toskana mit vielen Varianten; die besten sind die Sangiovese-grosso-Klone (mit größeren Beeren), zu denen unter anderem Brunello und Prugnolo gentile zählen. Chianti-Wein ist meist ein Sangiovese-Verschnitt, doch allmählich beginnt man die Traube besser zu verstehen und anzubauen, sodass man sie in Zukunft des Öfteren in reinsortiger Form antreffen wird.

Trebbiano Das viel zu häufige weiße Arbeitspferd der Toskana und überhaupt ganz Italiens – eine unerschöpfliche Quelle scharfer, fader Weißer. Manche kommen als Galestro etikettiert auf den Markt, benannt nach dem Schieferboden, auf dem die Trebbiano anscheinend noch einigermaßen gut ausfällt. In Frankreich nennt man die ertragreiche Rebe Ugni blanc oder Saint-Émilion und verwendet sie als Grundstoff für Cognac.

Vermentino Eine der Malvasia ähnelnde weiße Rebsorte, die auf Korsika und Sardinien sowie an der ligurischen Küste ganz hervorragende Ergebnisse erbringt und mittlerweile auch Eingang in neue toskanische Weiße findet. Sie sollte sich zu weich strukturierten und aromareichen, trockenen und appetitanregenden Weinen verarbeiten lassen.

Vernaccia di San Gimignano Sie hat das Zeug zu wohlschmeckenden, eigenständigen, vollmundigen Weißen, die allerdings jahrelang ebenso fade wie Trebbiano-Erzeugnisse gerieten. Halten Sie Ausschau nach ihr.

Dank des Autors
Während der vergangenen 35 Jahre habe ich die Toskana und ihre Weine nach und nach entdeckt.
Dabei haben mich zahlreiche Personen freundlich unterstützt. In letzter Zeit waren dies namentlich:
Burton Anderson, Piero Antinori, Arcigola Slow Food, Ugo Contini Bonacossi, Duncan Baird, Leonardo
Frescobaldi, Tiziana Frescobaldi, Gelasio Gaetani d'Aragona Lovatelli, Brian und Diana Johnson, Andreas
März, Filippo Mazzei, Franceso Ricasoli, Giacomo Tachis, Peter Vinding-Diers.

Hauptfotografen
Andy Katz
Seiten 1, 2, 4-5, 7, 8, 16, 23, 30-31, 32, 37, 38, 40, 41, 45, 46, 47, 48, 49, 50-51, 55, 59, 60, 61, 67, 72,
79, 85, 86, 90, 93, 94, 97, 102, 104, 105, 108, 110, 112, 113, 114-115, 117, 135, 144

Max Alexander
Seiten 15, 19, 42, 43, 44, 52, 56, 57, 58, 62, 63, 64, 69, 70, 71, 74, 75, 76, 77, 80, 81, 82, 83, 84, 89, 92,
96, 98, 99, 100-101, 103, 107, 118, 121, 122, 123, 126, 128, 130, 131, 132-133, 136, 138, 140-141

Weitere Fotos
Der Originalverlag dankt den folgenden Fotografen, Agenturen und Inhabern von Copyrights für deren
freundliche Bewilligung, die folgenden Fotos in diesem Buch zu veröffentlichen:

Archivo Fratelli Alinari, Florenz:
Seiten 12, 24, 27

Eduardo Fornaciari:
Seite 28

Enoteca Pinchiorri, Florenz/Paolo Cecconi:
Seite 34

The Stockmarket, London:
Seiten 35, 36

John Ferro Sims, London:
Seiten 68, 75, 78, 124, 125